本书获得“深圳职业技术学院学术著作出版资助”

东非六国的矿业权制度

◎黄牡丹　著

湘潭大学出版社

图书在版编目（CIP）数据

东非六国的矿业权制度 / 黄牡丹著．-- 湘潭 : 湘潭大学出版社，2021.12
ISBN 978-7-5687-0694-0

Ⅰ．①东… Ⅱ．①黄… Ⅲ．①矿业－所有权－法律－研究－东非 Ⅳ．①D942.226.2

中国版本图书馆 CIP 数据核字（2021）第 262355 号

东非六国的矿业权制度

DONGFEI LIUGUO DE KUANGYEQUAN ZHIDU

黄牡丹 著

责任编辑：刘文情
封面设计：张 波
出版发行：湘潭大学出版社
社　　址：湖南省湘潭大学工程训练大楼
电　　话：0731-58298960 0731-58298966（传真）
邮　　编：411105
网　　址：http://press.xtu.edu.cn/
印　　刷：广东虎彩云印刷有限公司
经　　销：湖南省新华书店
开　　本：710 mm×1000 mm 1/16
印　　张：12.25
字　　数：219 千字
版　　次：2021 年 12 月第 1 版
印　　次：2021 年 12 月第 1 次印刷
书　　号：ISBN 978-7-5687-0694-0
定　　价：46.00 元

前　言

近年来，东非的肯尼亚、布隆迪、卢旺达、南苏丹、坦桑尼亚、乌干达等国矿业发展迅速，且这几个国家矿产资源丰富，政治环境相对稳定。然而，东非六国却如一颗蒙尘的珍珠，尚未能很好地吸引大家目光。本书欲从矿业权制度的法律渊源、基本规定、价值追求、具体目标及其实效、发展的本土化趋势等方面，对东非肯尼亚、布隆迪、卢旺达、南苏丹、坦桑尼亚、乌干达六个国家的矿业权制度做深入的研究，以充实中国的非洲法研究领域，并为中国在东非六国的矿业投资提供指引。

第 1 章是绪论，由研究背景——东非近年来矿业的快速发展以及东非对矿业所做的变革、中国企业海外投资矿业的成败两部分内容作切入，指出研究东非六国矿业权制度的必要性、重要性：既可丰富我国对非洲法的研究成果，又可为中国企业走进东非六国进行矿业投资提供指引。因为前人成果较少、一些本土资料难以掌握而导致研究存在一些困难，但都一一克服，并运用文献分析法、比较分析法、历史研究法等方法将研究顺利开展。矿业权制度是实践性极强的制度，而本书缺乏企业在东非六国投资矿业的实证调查成果，此是一不足，亦是本书尚待完善之处。

第 2 章对东非六国的法律渊源开展研究。影响东非六国矿业权制度的国际法渊源有《金伯利进程》国际条约、《采掘业透明度倡议》国际标准、《东共体矿业法案》区域性公约以及可持续的资源管理这一国际法原则；国内法渊源有宪法、法律、部门规章条例等。在国内法律渊源方面，东非六国矿业权的主要法律渊源——矿业法修订极为频繁，这一直是非洲国家矿业法极为突出的一个特点，东非六国的表现同样如此。东非六国的矿业法经历了殖民时期的受控时代、独立后的国有化时代，目前正经历自由化时代，在这一时代的自由化又有不同的浪潮，改革的焦点都在于矿业经济改革能否变得更好。东非六国的矿业法修订频繁，每次修订的着重点都不一样，影响的因素包括对矿业经济的认识和重视程度、对外国投资的需求程度、对利益分配的考量以及对环境问题的认识和重视程度，日后的修订亦同样受此四因素的制约。

第 3 章对东非六国矿业权制度的基本规定展开了全面深入的研究。矿业权制度基本规定包括矿业权的主体、矿业权人的权利义务、矿业权的取得、矿业权的期限等。在东非六国，矿业权被普遍认为是财产权，人们的关注焦点在于此项财产权是否与土地权益相联系；矿业权的主体除了个别矿产许可证对主体有本国公民身份的要求外，一般仅要求自然人和法人即可，没有作出更多的限制。矿业权的取得方式上，东非六国基本规定了申请取得和招标取得两种方式，申请遵循“先到先得”的原则，招标有相应的规定，此外也规定了矿业权的变更和转让。矿业权人的权利义务方面，东非六国根据矿产许可证的类型对此作出了规定，各国有所差别。矿业权的暂停或撤销方面，东非六国根据矿业权人的违责表现会予以暂停或撤销，此外，矿业权人也可申请放弃矿业权从而使得矿业权被注销。在矿业权制度的基本规定方面，东非六国稍有差别，肯尼亚、南苏丹的规定较为完整，坦桑尼亚的规定较为严苛，乌干达的较为稳定，布隆迪和卢旺达的较为简略。

第 4 章研究东非六国矿业权制度的价值追求和具体目标。价值追求上，安全在东非六国矿业权制度的价值追求中排第一位，原因是南苏丹仍存在小规模的武装冲突，武装冲突力量与矿业尤其是手工采矿、小型采矿之间的联系紧密，这点严重干扰了这些国家正常的经济秩序，甚至影响其国家形象、国际矿产贸易。效益、正义、发展同样是东非六国矿业权制度的价值追求，根源也在于其现实的迫切需求。这样的价值引领无疑是正确的，虽然东非六国在落实制度的实效方面仍然存在较大差距，但对于其价值追求却是应予以坚持的。东非六国矿业权制度意欲实现的目标包括引导大型矿企承担企业责任，规范手工采矿、小型采矿，吸引外国投资和促进国内经济包容性增长。在东非六国中，普遍欠缺良好的企业社会承担例子，大型矿业公司在此方面的意识不强、参与不够；手工采矿、小型采矿在东非六国是许多农村贫困人口的生计，却对环境的破坏大，从业人员的健康、安全隐患大，引发非法开采、走私矿产行为，矛盾很突出但却没有得到国家和政府的足够重视，合法化、规范化路途遥远；东非六国普遍减贫压力大、外资需求大，但矿业在吸引外资上仍有极大的提升空间；东非六国的矿业尚未与国内的其他经济部门、行业建立起广泛的横向联系，矿业出口主要是原矿的出口，虽寄希望于矿业促进国内经济的包容性增长，但目前来看成效不佳。本书综合东非六国的实际情况给予了相应的法律完善建议。

第 5 章研究东非六国矿业权制度的本土化趋势。东非六国矿业权制度现实中利益的偏差、国家意识的提升也导致了矿业权本土成分政策的大幅增加。本土成分大致可以分为定量要求和质量要求两种法律表现。定量要求以具有法律约束力的目标的形式，对公司施加定量要求，此要求往往以数量或价值呈现。数量，可以是将要雇用的本地员工的数量，又或者是指向本土供应商的合同数量；而价值，则是指本地采购支出的百分比。反过来，质量要求则是指政策、法律条文以及约束性没那么强的合同协议，目的是为了实现技术转让或员工培训。本土化趋势在东非六国都有较多、较强的体现，目前来看成效并不理想，但这一趋势值得持续关注。

第 6 章论述中国在东共体进行矿业投资的利弊情况及风险防范。总体来看，在东非六国投资矿业的合作前景良好，尤其是“一带一路”倡议背景下；东非六国矿产资源丰富，具有很大的开发空间；东非六国已取得较好的法律现代化进步，法律环境有所优化，这些都是中国在东非六国进行矿业投资的有利条件。当然，东非六国在法律的稳定性、明确性、安全性方面稍嫌不足，因此，在东非六国进行矿业投资更要做好风险防范，如全面地熟悉东非六国的矿产资源法律制度、审慎地签订矿产协议、完善地履行企业社会责任等，方能取得成功。

最后是总结归纳。东非六国的矿业权制度总体而言是为推动本国的矿业快速发展而设立的，从制度的规定内容上来看，东非六国稍有差异，肯尼亚和南苏丹较为完整，坦桑尼亚则倾注了更多的心血；从制度的稳定性上来看，乌干达最值得赞许；从制度的实效上来看，坦桑尼亚实施的措施较为严格，本土化在坦桑尼亚体现最为明显，肯尼亚也极为重视矿业的发展，近年来出台许多相关法律和规章、条例。东非六国矿业权制度相对而言有其独特性，中国在东非六国投资矿业仍应对此进行深入的研究方面有所保障。

目　录

第1章 绪 论

1.1 研究背景

1.1.1 东非六国对矿业及其发展愈加重视

矿产资源是一个国家社会经济发展的重要物质基础，矿产资源问题关系着一个国家能否实现可持续发展。而非洲国家在处理矿产资源与经济发展、社会发展之间的关系方面做得并不好，长久以来所受的批评与争议较多，但非洲国家对此并不是没有察觉，而是早已察觉并开始做深刻的反思与调整。2008 年 10 月，非洲各国负责矿产资源开发的部长召开会议后，各国元首于 2009 年 2 月在非盟首脑会议上全体一致通过了《非洲矿业远景规划》，这是非洲国家自己对解决巨大矿产财富与普遍贫困并存这一矛盾的回应。①

《非洲矿业远景规划》是全方位的，它提倡跳出采矿业本身的框架来思考。因此，它建议不仅要通过确保矿业税收的优化和矿业收入的合理使用来改善采矿制度的问题，而且要将矿业更好地纳入地方、国家和区域各级发展政策

① 联合国非洲经济委员会关于《非洲矿业远景规划》的介绍说明。http：//www. africaminingvision. org/about. html.

的考虑范畴中；它建议不仅要确保工人和社区从大规模的工业开采中得到好处，也要确保环境得到保护，从而使采矿业更好地促进当地发展；它建议要确保各国能够与矿业跨国公司谈判，以产生公平的资源租金，并规定当地的运营投入；它更建议改善采矿业的“飞地”情况，以便非洲能够实现从廉价原材料出口国到知识型服务的制造商和供应商的转变。这些认识是发展性的、建设性的、具有长远目光的。

同样，《非洲矿业远景规划》带来的影响是广泛的、深远的，非洲各国逐步开始了本国的矿业远景规划①进程和《非洲矿业远景规划》国内法化的进程。比如，莫桑比克之后启动了矿业法和石油法的修订，莫桑比克矿业部确定了矿产资源政策和战略的四个优先领域：通过培训项目增加熟练劳动力；采掘业透明度倡议多方利益相关者平台将在常设论坛中进行改造；本土成分内容；沟通策略更好地整合土地利用和基础设施规划。又如，在几内亚，提出了合同谈判的能力建设倡议；进行了石油和矿产资源管理的财政政策和法律框架的修改和完善；开始施行了企业社会责任的战略评估和长期计划。非洲国家对本国采掘业的重视程度空前提高，并逐步采取措施以贴近《非洲矿业远景规划》的要求。

在受《非洲矿业远景规划》的影响方面，东非六国从来不是例外。坦桑尼亚在此之后宣布加入采掘业透明度倡议，2010 年新颁布了矿业法并又分别在 2017 年、2019 年进行了修订，此外又陆续出台了《坦桑尼亚采掘业（透明度与责任）法》《坦桑尼亚自然财富和资源（永久主权）法》《坦桑尼亚自然财富和资源（审查和重新谈判不合理条款）法》，并出台了坦桑尼亚的《矿业远景规划 2030》。通过以上这些措施，坦桑尼亚大胆地对矿业财政体制发动了改革，禁止原矿出口，取消原材料出口增值税的进项税额抵免，增加宝石、金属矿物的特许权使用费比例，增加国家在持有采矿许可证和特别采矿许可证的矿业公司中的无偿股份权益，增加本土成分内容。改革举措之多、力度之大，似乎让在坦桑尼亚的矿业公司无所适从，但坦桑尼亚的学者却普遍认为这样的

① Country Mining Vision.

措施很好，认为坦桑尼亚在实施《非洲矿业远景规划》的道路上走得很正确。[①] 肯尼亚的动作幅度也不小，在2016年将新的矿业法颁布实施，里面诸多内容体现了《非洲矿业远景规划》的要求。这一点得到了肯尼亚当局的认可，时任肯尼亚矿业部长的丹尼尔·卡祖恩格·穆泽在2017年的非洲矿业大会就曾说过："我们的新采矿法在很大程度上借鉴了《非洲矿业远景规划》。《非洲矿业远景规划》为矿产资源的可持续利用和良好治理铺平了道路。为了实现这一愿景，我们需要努力与矿业私营部门通力合作。"[②] 南苏丹虽然在2011年新独立，但在2012年就颁布并施行了《南苏丹矿业法》，其矿业法中的内容很多是对《非洲矿业远景规划》的体现。卢旺达近些年对本国矿业法进行了频繁修订。乌干达2003年的矿业法实施至今虽未落实最终修订版本，但修订草案不停地上交并进行探讨、表决，修订势在必行，且乌干达已在2019年批准通过加入采掘业透明度倡议。

这些法律所有的调整，其核心都在于矿业权制度，因此，也给东非六国的矿业权制度带来了巨大的变化。虽然各国在向着《非洲矿业远景规划》前进道路上的步伐并不完全一致，但毫无疑问的是，东非六国对本国的矿业发展愈发重视，矿业在东非六国国内经济发展中的地位也愈发显得重要，矿业势必成为东非六国经济的又一新增长点。矿业权制度是矿产资源法律制度的核心所在，那么，东非六国的矿业权制度有什么基本规定？呈现出什么特点和发展趋势？中国的研究者对以上问题研究如何？成果是否丰硕？这些问题都有待解答。

1.1.2 中国企业在非洲国家的矿业投资情况

1.1.2.1 中国对非洲及东非六国直接投资的总量情况

近几年来，中国与非洲的贸易量加大许多，中国在非洲进行直接投资的金

① *Legal Framework Changes Creat Sustainable Mining Sector.* https://www.ippmedia.com/en/features%20legal%20framework-changes-create-sustainable-mining-sector.

② *Africa Mining Vision Initiative Gaining Traction One Year on.* https://www.uneca.org/stories/africa-mining-vision-initiative-gaining-traction-one-year.

额也大大增加。2018 年，中国在非洲的直接投资将近 375 亿元人民币（53.9 亿美元），与 2017 年同期相比增长将近三分之一。在当年中国对外直接投资的总流量中，对非洲的直接投资总额占 3.8%，与 2017 年相比提升了一个百分点。至 2017 年末，中国在非洲地区的投资存量为 461 亿美元，在中国对外投资的总存量中占 2.3%。①

在对非洲直接投资的国别方面，南非、刚果（金）、赞比亚、阿尔及利亚、尼日利亚、埃塞俄比亚、加纳、津巴布韦、毛里求斯等国多年来均较稳定地吸引着中国投资②，坦桑尼亚、肯尼亚、苏丹等国近几年的投资吸引力大大提升，在中国对非投资的总份额中也占了一定的比重。

非洲共有 54 个国家，一般根据其所处的地理位置，划分为北部非洲（北非）、中部非洲（中非）、南部非洲（南非）、西部非洲（西非）和东部非洲（东非）5 个区域。近些年，中国在非洲各区域的直接投资均有所增加，只有在北非地区的直接投资较之前两年略有减少。

近年来，从中国在非洲直接投资的存量来看，南部非洲国家获得中国直接投资最多，西非次之，北非居末，东非排在倒数第二位。

在中国对东非国家的直接投资中，埃塞俄比亚拔得头筹，获得中国最大数额的直接投资；肯尼亚这几年积极寻求经济发展，加强了与中国的密切合作，获得的中国直接投资数额直线上升；而坦桑尼亚则以稍少于肯尼亚的数额位列第三位。

1.1.2.2 中国对非洲及东非六国采矿业的直接投资情况

从中国对非洲的直接投资来看，参与的投资领域在逐步扩大，从建筑业到金融业，再到制造业、租赁，以及商务服务等行业均有涉及，采矿业亦是其中占比较重的行业，近些年来直接投资存量一直稳居前三。

成立境外企业方面，中国 2018 年在非洲各国设立的境外企业超过 3600

① 中华人民共和国商务部，国家统计局，国家外汇管理局. 2018 年度中国对外直接投资公报.

② 中华人民共和国商务部，国家统计局，国家外汇管理局. 2016、2017、2018 年度中国对外直接投资公报.

家，在中国的全部境外企业总数中占8.6%。这些境外企业主要集中在南非，中非的安哥拉，东非的赞比亚、埃塞俄比亚、肯尼亚、坦桑尼亚、乌干达，西非的尼日利亚、加纳等国家。[①] 在对非洲采矿业的投资方面，中国企业在非洲的各个区域均有一定数量的矿业投资项目。[②] 与资金流量相似的是，南部非洲同样获得最多的中国直接投资项目，2004 年至 2013 年，共有中国矿业投资项目 208 个；西非次之，共有项目 83 个；中非居中，共有项目 78 个；东非倒数第二，共有项目 64 个；北非居末，共有项目 59 个。[③] 而在东非六国中，据现有的研究资料得知，截至 2017 年底，中国在坦桑尼亚投资的项目总数为 723 个，价值共 59.6 亿美元。[④] 到 2016 年底，中国进入坦桑尼亚进行发展投资的公司超过了 120 家，而其中从事矿产资源开发的公司仅有 6 家。[⑤] 中国多年的合作伙伴乌干达，近年来获得中国的直接投资数额并不大，2013 年共有中国直接矿业项目 8 个。[⑥]

非洲因其丰富的矿产资源素来被誉为“世界的原料库”，特别是其拥有种类繁多、储量巨大的一些重要矿产。[⑦] 结合中国的矿产资源战略安排情况，中国已经将目光转向了非洲的一些资源大国，并作出了较大的投资安排，包括东非六国在内的非洲国家得到了较多的直接投资。然而，不论在总量上还是在具体项目数上，中国对东非六国的国家直接投资数额还是较低。而一个国家或其企业对其境外的国家或地区作出投资的决策，考虑的因素是利益与风险两大方面。投资的风险方面，大体分为政治风险、经济风险和法律风险三大类。东非六国除了南苏丹近年来偶有骚乱外，其余国家政治上都较为平稳，像坦桑尼亚、肯尼亚甚至可以列入非洲大陆政治最为稳定的国家之中；矿产方面，东非六国的矿产资源大有可投资的空间。那是什么阻挡了人们投向东非六国矿产行业的目

---

① 中华人民共和国商务部，国家统计局，国家外汇管理局. 2018 年度中国对外直接投资公报.

② 赵琪，张伟萍，等.《中国对非洲矿业投资现状分析》,《资源与产业》2016 年第 2 期.

③ 2004—2013 年《中国企业对外直接投资名录》，转引自赵琪，张伟萍，等，《中国对非洲矿业投资现状分析》,《资源与产业》2016 年第 2 期.

④ 王莉莉.《走，到坦桑尼亚采矿去》,《中国对外贸易》2019 年第 1 期.

⑤ 祁冬，张冬霞，等.《坦桑尼亚矿产资源管理制度研究》,《国土资源情报》2017 第 10 期.

⑥ 周安保，杨伟卫.《乌干达矿产资源及投资环境分析》,《资源环境与工程》2013 第 3 期.

⑦ 张华.《我国对非洲矿业投资的战略》,《中国矿业》2009 年第 7 期.

光？再简单查找下资料，会发现目前中国对于非洲矿业的法律规定、制度规定等方向的著作、文献相对较少，更别提细致到非洲的各区域、各国家的矿业法律制度了。是否可以将东非六国的矿业权制度做一详细的研究，以填补东非六国这块法律知识的欠缺，以供投资参考使用？以上，是为本书写作的原因。

1.2 国内外研究概况

1.2.1 国内研究概况

在中国，非洲国家的相关研究向来未能占据主要、重要的位置。尽管如此，国内的一些研究机构、研究人员仍能安坐冷板凳并不断推出研究成果，实属不易。

对于非洲国家的矿产与矿业，目前国内的研究关注点主要还在于非洲国家的矿产资源状况、矿业发展情况，著作方面有朱华友等著的《当代非洲工矿业》①、郭濂等著的《非洲矿业产业研究》②；论文方面从二十世纪九十年代中期开始，就有文章介绍非洲国家的矿产资源和矿业情况，这些成果的共同特点在于对非洲国家的矿产资源给予了很高的关注，因此非洲国家矿产资源的探明情况随着时间的推移、技术的进步、非洲国家披露情况的增多也越来越多为国人所知悉。而具体到肯尼亚、布隆迪、卢旺达、南苏丹、坦桑尼亚、乌干达等国家，国内亦有不少文章介绍这些国家的矿产资源情况，让国人对这些国家的矿产资源情况有所了解。

在非洲国家的矿业法及矿业政策的研究方面，目前国内尚未有完整的论著出现，即便是目前唯一一套完整介绍世界主要国家矿业法的《各国矿业法选编》，其中对于非洲国家的矿业法或矿业政策，亦只选取了尼日利亚《参与采矿业的程序》和南非《矿业法》进行翻译，非洲其他国家的矿业法或矿业政

① 朱华友，等著.《当代非洲工矿业》，浙江人民出版社 2013 年版.

② 郭濂，吴志峰，张世国著.《非洲矿业产业研究》，中国金融出版社 2014 年版.

策并没有资料介绍。然而，关于非洲国家的矿业法或矿业政策并不是些许研究资料都没有，尼日利亚《参与采矿业的程序》和南非《矿业法》给人们提供了了解非洲国家矿业法的窗口。著作方面，南开大学韩良教授主编的《非洲商事法律制度精析》中对非洲矿业与环境保护制度作了简要介绍，尤其对非洲矿业权制度作了较为详细的阐述，由此可以对非洲矿业法的法律渊源，非洲矿业的国家主管部门，非洲矿业权的分类、取得与相关权利义务有个概览；《当代非洲工矿业》中在介绍非洲矿业的投资环境时以整个非洲大陆为背景，简要介绍了矿业权的授予条件、手工采矿活动的规定等目前非洲国家矿业法中较为重要的内容，非洲部分国家矿业法的变革所呈现的特点，当前一些新矿业法内容的主要特点，篇幅简短、内容简略。浙江师范大学非洲研究院的刘鸿武教授主编的《非洲地区发展报告 2016—2017》于 2018 年出版。此书中有小部分内容介绍了非洲矿业立法的本土化政策，由此可以了解当代非洲矿业法修改的一些趋势。论文方面，自然资源部信息中心宋国明是较早关注到非洲矿业的投资环境的，他的早期文章简要介绍了非洲国家整体的矿业投资环境、非洲矿业立法及其变化①，魏观也曾对非洲主要矿业国家的矿业政策和法规作过介绍。② 这是较为直接且全面的介绍。其他亦有一些文章从投资的角度出发，对非洲国家的矿业法或矿业政策作了略要提及。③ 但总体而言，相关论著、论文并不多。具体到东非六国，目前的研究主要从投资角度出发对肯尼亚、卢旺达、坦桑尼亚、乌干达的矿业法律制度或矿业政策进行简要介绍，南苏丹、布隆迪方面的资料较少，甚至几乎不涉及法律方面内容。

1.2.2 国外研究概况

对于非洲国家的矿业，国外研究者的目光主要投向矿业与发展中国家经济发展的关系问题、大型矿业公司对当地的贡献及影响、小型采矿或手工采矿带

---

① 宋国明.《非洲矿业立法及变化》,《国土资源情报》2013 年第 6 期.

② 魏观.《走进非洲的“游戏”规则——非洲主要矿业国家矿业政策法规概述》,《中国国土资源情报》2013 年 1 月 26 日，第 6 版.

③ 贺春莲，王坚.《投资非洲矿业的可能性》,《世界采矿快报》1998 年第 1 期.

来的诸多负面影响，且更多的是以某个公司、某个社区或片区的情况来做实证分析，对非洲国家的矿业法律或政策作全面深入的研究极少。

国外出版的著作方面，卡塔尔哈马德·本·哈利法大学的达米洛拉斯·奥拉武伊的 *Extractives Industry Law in Africa* 是其中难得的一本著作①，其对非洲国家采掘资源的所有权、采掘业法律的渊源、采掘业的管理机构、采掘业的法律权利和利益、采掘业和合约及财务安排、本土成分和产品授权要求、在非洲进行采掘业投资的法律和商业风险分析、人权和腐败方面的风险作了统一的介绍。加拿大魁北克大学的邦妮·坎贝尔教授专注于非洲的矿业研究，其主编的 *Modes of Governance and Revenue Flows in African Mining* 重点研究了采矿行业的收入流动影响因素和政策建议，还专门选取了加纳和刚果民主共和国手工采矿业的收入流动、治理和减贫进行研究；其主编的另一书 *Mining in Africa—Regulation and Development* 展示了对加纳、几内亚、马达加斯加、马里和刚果民主共和国五国的矿业与国民经济发展、减贫、环境保护之间的关系和表现进行研究的成果。② 澳大利亚悉尼大学安斯利·埃布拉的 *Governing African Gold Mining—Private Governance and the Resource Curse*③ 的关注点在金矿业，对南非、加纳和坦桑尼亚的金矿开采历史作了介绍，从私人治理的视角对企业主导型治理的理论作了解释，并主张用企业主导的私人治理来解决资源短缺问题。英国罗伯特戈登大学、伦敦大都会大学的斯蒂芬·维蒂冈等人主编的 *Corporate Social Responsibility in Sub - Saharan Africa—Sustainable Development in its Embryonic Form*④ 从可持续发展的角度论述了撒哈拉以南非洲的南部非洲（马拉维、莫桑比克、南非）、东部非洲（肯尼亚、坦桑尼亚、乌干达）、西部非洲（喀麦隆、尼日利亚、塞拉利昂）等国家的企业社会责任。南非、赞比亚、尼日利

① Damilola S. Olawuyi. *Extractives Industry Law in Africa*, Springer Press, 2018.

② Bonnie Campbell, *Modes of Governance and Revenue Flows in African Mining*, Palgrave Macmillan, 2013; Bonnie Campbell, *Mining in Africa: Regulation and Development*, Pluto Press, 2009.

③ Ainsley Elbra (Ed.), *Governing African Gold Mining: Private Governance and the Resource Curse*, Palgrave Macmillan, 2017.

④ Stephen Vertigans, Samuel O. Idowu, Rene Schmidpeter (Eds.), *Corporate Social Responsibility in Sub - Saharan Africa: Sustainable Development in its Embryonic Form*, Springer Cham, 2016.

亚的特伦斯·麦克纳姆等人主编的 *Africans Investing in Africa: Understanding Business and Trade, Sector by Sector*[①] 一书从交叉问题的研究、在非洲名列前茅的行业、泛非洲行业三个方面研究了非洲投资的内容，其中有关于东非六国石油、天然气和采矿业的总体介绍。埃塞俄比亚的非洲经济委员会的亚当·埃希拉伊卡等人主编的 *Governance for Structural Transformation in Africa*[②] 一书主要探讨非洲结构转型中的治理，其中有矿产依赖型经济的治理内容，所举例的国家是博茨瓦纳；也有从西非共同体的经验来看区域贸易一体化和治理在结构转型中的作用，表达了非洲本土人民对结构转型中治理的关注。以上是对非洲的矿业及其治理研究较为深入的论著部分。

国外发表的论文方面。矿业法的发展变革方面，*Mining's Changing Legal Landscape*; *East Africa Sets Tough New Regulations*; *Challenges Posed on the New Mining Act and its Regulations in Tanzania*; *Mining codes in Africa: Emergence of a "Fourth" Generation? The Reformed Mining Code, Whither the State? Mining Codes and Mineral Resource Governance in Africa* 等文章探讨了近些年非洲国家矿业法修订的进程，以及通过矿业法的修订看国家在治理过程中的作用。

矿业权的性质和管理方面，肯尼亚矿业部的矿业法顾问马丁·夸库·阿伊西博士在 *The Legal Character of Mineral Rights under the New Mining Law of Kenya*[③] 一文中探讨了肯尼亚新法律框架下矿业权的法律性质，认为新的矿业法特别强调矿业权的安全，也特别侧重于对矿业权持有人的保护。英国的摩根在 *Mineral Title Management—the Key to Attracting Foreign Mining Investment in Developing countries?*[④] 一文中表达了矿业权管理对于吸引外国投资的重要性的观点，认为矿业法的有效性取决于监管和行政制度的适当实施，而矿业权管理恰恰是

---

① Terence McNamee, Mark Pearson & Wiebe Boer, *Africans Investing in Africa: Understanding Business and Trade, Sector by Sector*, Palgrave Macmillan, 2015.

② Adam B. Elhiraika, William Davis & Gamal Ibrahim. *Governance for Structural Transformation in Africa*, Palgrave Macmillan, 2019.

③ Martin Kwaku Ayisi. *The Legal Character of Mineral Rights under the New Mining Law of Kenya*, Journal of Energy & Natural Resources Law, 2017, 1.

④ P. G. Morgan, *Mineral Title Management—the Key to Attracting Foreign Mining Investment in Developing Countries?* Resources Policy, 2018, 2.

监管和行政制度实施的基石。通过对矿业公司在作出投资决策时所参照的主要标准进行分析，他认为除地质潜力外，租期的安全就是最为重要的一个影响因素，这反映了人们对一国行政程序和政府机构职能的看法；矿业权管理制度应尽量符合投资者的标准，从而有助于吸引外国矿业投资。

矿业对经济的作用方面，*The Practice of Mining and Inclusive Wealth Development in Developing Countries*；*The Value of Pastoralism and Mining*：*Balancing Futures in Karamoja*，*Uganda*，*African Mining*，*Gender*，*and Local Employment*；*Mining in Africa—A Catalyst for Economic Development*；*Mining's Contribution to National Economies Between* 1996 *and* 2016；*The Environmental and Socio – Economic Impacts of Mining on Local Livelihoods in Tanzania*：*A Case Study of Geita District*；*Mining and Economic Growth*：*The Case for Ghana and Tanzania* 等文章都论述了矿业对经济的推动作用，有学者认为矿业是经济发展的催化剂。

大型矿企的企业社会责任方面，总体来说目前学界对于非洲国家大型矿企的企业社会责任的研究已经比较深入，探讨了大型矿企的企业社会责任对于经济发展、和谐社区建设的重要性所在，也指出了大型矿企的企业社会责任落实的困难所在，但基本上是以非洲国家整体以及社会生活、经济生活方面为视角，全面、细致关注到东非六国国内的大型矿企的企业社会责任承担情况相对较少，从大型矿企的企业社会责任承担看法律规定的内容及其实现障碍的较少。有一些学者的研究从实证调查的角度展示了在坦桑尼亚、肯尼亚，大型矿企与手工采矿、小型采矿的冲突，大型矿企的进驻对周边社区生活的影响，均以个案研究居多。①

---

① Thomas Kimeli Cheruiyot，Daniel Kipkirong Tarus. *Corporate Social Responsibility in Kenya*：*Blessing*，*Curse or Necessary Evil*? In：S. O. Idowu et al.（Eds.），Corporate Social Responsibility in Times of Crisis，Springer International Publishing AG，2017；Rasmus Hundsbæk Pedersena，Willison Mutagwabab，Jesper Bosse Jønssonc，*Mining – Sector Dynamics in An Era of Resurgent Resource Nationalism*：*Changing relations Between Large – Scale Mining and Artisanal and Small – scale Mining in Tanzania*，Resources Policy，2019，62，P339 – 346；Willy Maliganya，Renatus Paul，*The Impact of Large – scale Mining on The Livelihoods of Adjacent Communities*：*The Case of Geita Gold Mine*，*Tanzania*；Lois M Musikali，Elizabeth M Musikali，*Legislating Corporate Social Responsibility in Kenya's Extractive Industry*：*A Case study of the Mui Coal Mining Project*，Africa Nazarene University Law Journal，2015，1，P65 – 82.

手工采矿和小型采矿的合法化、规范化方面，具体就东非六国而言，关注的焦点主要在于手工采矿、小型采矿对国民经济的贡献①，与对非洲国家整体的手工采矿、小型采矿的关注点无甚差别，益处在于对东共体成员手工采矿、小型采矿的研究更为具体，提供的数据更为贴近东非六国本身的情况。

矿业权制度的本土化趋势方面，有不少的学者关注到坦桑尼亚国内法律所表现出来的明显的本土化趋势②，但对东非六国的其他国家如肯尼亚、乌干达等国矿业法及其他相关法律是否有呈现本土化趋势、本土化趋势在这些国家的表现如何则尚未有相关的研究。

1.2.3 国内外研究的不足

综上来看，国内外对于非洲国家的矿业法律或矿业政策的研究丰富了非洲法律研究的内容，但这些研究都表现出如下的特点或不足：

一是研究的视角比较单一，且不深入。探讨非洲国家矿业法律制度或者矿产政策基本上都是从投资的角度出发，意图为投资者提供法律内容方面的参考，而事实上，提供的内容过于简略，想要据此作出投资方面正确的法律风险评判几乎是不太可能的。

二是对非洲国家矿业法律制度的研究不够全面。目前许多冠名“非洲国

---

① East Africa Research Fund, *Economic Contributions of Artisanal and Small - Scale Mining in Kenya: Gold and Gemstones* , 2018; Alliance for Responsibile Mining, *Understanding the Economic Contribution of Artisanal and Small - Scale Mining in East Africa*, 2017 ; Gavin Hilson, *Small - Scale Mining and Its Socio - Economic Impact in Developing Countries*, Natural Resources Forum, 2002, 26, P 3 - 13; Jan Macháček, Milada Dušková, *Artisanal Mining in Rwanda: The Trade - Off Between Entrepreneurial Activity and Environmental Impact*, In: Leona Achtenhagen, Ethel Brundin (Eds.), Entrepreneurship and SME Management Across Africa: Context, Challenges, Cases, Springer Singapore, 2016.

② Rafael Emmanuel "Manny" Macatangay, *Optimal Local Content Requirement Policies for Extractive Industries*, Resources Policy, 2016, 50, P244 - 252; Thabit Jacob, Rasmus Hundsbæk Pedersenc, *New Resource Nationalism? Continuity and Change in Tanzania' s Extractive Industries*, The Extractive Industries and Society, 2018, 4, P287 - 292; Giuseppe Calignano, Terje Ingebrigt Vaaland, *Local Content in Tanzania: Are Local Suppliers Motivated to Improve?* The Extractive Industries and Society, 2018, 2, P104 - 113; Abel Kinyondoa, Espen Villangerb, *Local Content Requirements in the Petroleum Sector in Tanzania: A Thorny Road from Inception to Implementation?* The Extractive Industries and Society, 2017, 2, 371 - 384; Siri Langea, Abel Kinyondob, *Resource Nationalism and Local Content in Tanzania: Experiences from Mining and Consequences for the Petroleum Sector*, The Extractive Industries and Society, 2016, 9, P1095 - 1104.

家”的某项法律或政策的研究往往是提取了小部分非洲国家的法律规定作研究，又或者是基于南非、加纳、尼日利亚等资源开发大国的法律研究便轻易得出“非洲国家的法律规定是如何的”结论。众所周知，非洲从地理位置上分为不同区域，从历史上分为英属、法属、德属等国殖民地，这些国家的历史背景不一、发展现状不一、法律制度的规定也并不完全一致，只研究了少部分国家的法律内容便得出“非洲国家”的结论，往往是以偏概全的。

三是国内的一些研究并没有掌握到非洲国家的最新法律文件，在撰文介绍非洲国家的矿业法律情况时仍使用此前的法律文件而未能援引已更新的法律文件，导致文章介绍的法律内容欠缺了前沿性、新颖性。[①]

1.3 研究内容

本书的研究内容集中于东非六国的肯尼亚、坦桑尼亚、乌干达、卢旺达、布隆迪、南苏丹的矿业权制度的法律渊源及其发展变革，在法律背景中找寻东非六国矿业权制度发展变化的原因和脉络；东非六国矿业权制度的基本规定，包括矿业权的属性和类型、矿业权的内容、矿业权的取得方式等；矿业权制度设立的价值追求和具体目标，安全、效益、正义和发展的价值追求、实现的差距及坚持此价值追求的必要性，规范行业发展、吸引外国投资、促进经济包容性增长及其实现情况；矿业权制度体现的本土化趋势分析。由此，不仅可以掌握东非六国矿业权制度的现有基本规定，亦可以结合其价值追求、具体目标、发展趋势等方面的内容进而了解其发展变化。

1.4 研究意义

理论上，本书对东非六国矿业权制度的法律渊源、制度的基本规定、制度

① 譬如《肯尼亚矿产资源及矿业投资环境分析》发表于2018年11月，关于肯尼亚的矿业法律里面谈到“拟议的《2014年采矿法案》”的相关内容，但事实上，肯尼亚在2016年就颁发了新的矿业法，而文章却并没有更新到此内容。

所要追求的价值和目标以及制度呈现的趋势等内容作深入、细致的研究，而目前国内甚至国外均没有对此进行过深入的研究探讨，本书的研究可填补东非六国矿业权制度研究方面的空白，为学界提供更深层次的研究参考。

在实践中，中国在2013年提出了“一带一路”倡议并于当年开始实施，此后，中国企业借此东风逐步加快了向外投资的步伐。参与中国“一带一路”倡议合作协议的国家有30多个，在这些国家里中国企业的身影尤为活跃，这些国家获得中国的直接投资额也直线上升。非洲国家对中国的“一带一路”倡议显然是积极乐意的，虽然东非六国与中国的“一带一路”倡议的对接启动略晚，但东非六国陆续对“一带一路”倡议作出了积极的回应，目前中国企业也越来越多地走进了东非六国，肯尼亚就是其中一个显著的例子。然而，中国企业的活跃投资尤其是在矿业上的活跃投资是否带来预期的满意效果呢？据一些新闻媒体报道，中国企业海外矿业投资成功率极低，仅有15%左右，也即失败率维持在85%左右，其中金属行业的投资项目多数以失败告终，而能源与电力行业的投资项目失败数则是最多的。① 2013年，中国国际矿业大会召开期间，王家华在接受采访时就曾向记者直接说到，中国在海外的矿业投资成功率极低，大概只有20%，其余均告失败，到现在仍处在探索阶段。② 六七年过去了，情况仍未见好转。在2019年的“丝路矿业论坛”上，时任西藏华钰矿业有限公司副总经理的谢文政在采访中提到，我国的矿业企业真正走出去的并不多，很大部分原因在于这些矿业企业缺少经验，对海外的矿业市场认识、判断不准确，对投资国的基础设施情况、法律规定内容、环境保护要求、企业社会责任要求等方面的内容了解、重视不够。③ 然而，其他国家在海外进行矿业投资的成功率是较高的，全球矿业投资的成功率平均在68%左右，也

① 《深度解析：为什么中国企业海外矿业投资失败率这么高?》https：//news. smm. cn/news/100765976.

② 《中国海外矿业投资八成失败 专业程度不高成掣肘》，载《中国经济周刊》，2013年11月25日，http：//finance. sina. com. cn/china/20131125/202117429331. shtml.

③ 《布局海外，矿企的选择题怎么做“丝路矿业论坛·2019”嘉宾观点集萃》，《中国黄金报》2019年7月5日，第002版.

即失败率控制在30%左右[1]，横向比较之下就能深切地感受这些数据背后纵横的血泪。

事实上，这其中的很多失败是完全可以预测并可以避免的，譬如有报道称某企业收购了当地一家企业的探矿权，却因为探矿权已两次延期又没有及时申请，等到中国企业购买探矿权后已经不能再转成采矿权了。这显然是因为对当地法律内容缺乏了解而导致的错误，而这样的错误实属不该。有学者就曾指出中国企业在海外进行矿产品投资时，缺乏对所在国法律法规知识的掌握和法律风险的研究判断。[2] 本书对东非六国矿业权的深入研究和介绍，至少可以为中国企业提供充分、翔实的法律内容参考，从而避免不必要的决策失误。由此，一来可以帮助中国企业更深入、细致地了解东非六国的矿业权法律制度，从而作出对企业投资有利的决策；二来国家“走出去”战略目标的实现维系在每一个已经走出去、正在走出去以及想要走出去的企业身上，企业的决策、成效虽小，但却也牵一发而动全身，从细处、深处影响着国家战略目标的实现。本书的研究将助力企业的投资决策，亦能为国家战略的实施、目标的实现贡献绵薄之力。

1.5 研究思路和方法

东非六国的矿业权制度都受何种法律规范约束，其规定的基本内容有哪些，对矿业权的主体、内容、取得方式、期限等方面的规定如何？矿业权制度的设计是为了实现什么样的价值追求和目标设计？价值追求和目标设计的实现成效如何？这些国家的矿业权制度又表现出什么样的发展趋势？中国在东非六国进行矿业投资有什么利弊及如何把控风险？正是带着此一系列的问题，本书对东非六国的矿业权制度进行了深入的研究。在研究过程中本书使用了如下

---

① 《深度解析：为什么中国企业海外矿业投资失败率这么高?》https：//news. smm. cn/news/100765976.

② 陈莲芳，黄伟泽.《经济全球化背景下我国矿产资源发展战略研究设计》，《中国矿业》2016年第10期.

方法：

文献研究法。本书对东非六国矿业权制度的相关国内外文献进行了检索，收集了东非六国矿业法、资源保护法等最新法律法规内容，收集了东非六国矿业部或者矿产资源部等政府管理部门发布的统计数据、开展的执法活动等资料，在大量研究资料的基础上，采用文献研究法去分析东非六国矿业权制度的落实情况及存在的问题。

比较研究法。肯尼亚、坦桑尼亚、乌干达、布隆迪、卢旺达、南苏丹虽然加入东共体这一区域组织，法律制度有一定的相似性、趋同性，但仍然存在较大差别，仍需具体情况具体分析；每个国家的国情、历史、现状都不尽相同，同一法律制度其出发点、落脚点亦不相同，本书横向比较了东非六国的矿业权制度的具体内容，分析了其共性和特性所在。

系统分析法。矿业权制度，其在名义上是单一的一项制度，而实质上却是牵涉若干法律规定所建构的系统工程。本书运用系统分析方法研究东非六国矿业权制度的管理机构、各个利益相关者的权利与义务，从大型采矿企业与政府之间的关系，大型采矿企业与手工采矿、小型采矿之间的关系，大型采矿企业与当地社区之间的关系等方面着手，去系统分析东非六国矿业权制度目标实现的情况与存在的不足，深入研究制度所追寻的价值与目标所在。

历史分析法。每一项制度都是历史演进的结果，东非六国的矿业权制度历经改变，不仅与其现今政府的目标设定关系密切，更是与国家的历史传承割舍不开。本书借助历史分析的研究方法考察和研究了东非六国矿业权制度的历史发展脉络，以期加深对东非六国矿业权制度的认识和了解。

1.6 研究难点、创新点及不足之处

放眼非洲大陆，肯尼亚、坦桑尼亚、乌干达、卢旺达、布隆迪、南苏丹等国并不耀眼夺目，法律方面的研究资料并不多，更为细致的矿业权制度方面的研究资料更是少之又少。本书的研究难点在于，如何在为数不多的研究资料上对东非六国的矿业权制度作出深刻的研究和分析。也正因其难，这也成就了本

书的创新之处：

其一，对东非六国的矿业权制度从制度所涵盖的法律渊源、制度包含的内容、制度设计所追求的价值与具体目标及其实效，到制度的客观评价分析和其突出的本土化发展趋势，研究了制度的现今内容、经历的发展变化、未来的发展趋势，对东非六国矿业权制度的研究范围较为全面、丰富。

其二，对东非六国的矿业权制度的研究，不仅着眼于其法律内容、目标为何，同时关注其实际实施的效果，关注制度设计的理想与现实之间的差距，从理论到实践，由表及里、由外而内，做到对东非六国矿业权制度的知其然更知其所以然。

当然，对东非六国矿业权制度的研究目的不应仅停留在认识层面，还应落脚于如何能参与到东非六国的法律实践中。对于东非六国矿业权制度，如能再加上其所在国、外国企业在此间的参与体会和评价，这将更有利于中国的企业参与到东非六国的矿产行业中。

第2章　东非六国矿业权制度的法律渊源

法律渊源，德国法学家考夫曼称其为法源，它指的是决定法律生活事实的规范，并且所有法源的本质要素是，可适用于无数法律上重要生活事实的一般性。[①] 考夫曼将法源分为如下形式：实质意义的法律、习惯法和国际法的一般规则，其中实质意义的法律又分为形式意义的制定法、法规命令、自治规章。[②] 在这里，形式意义的制定法、法规命令、自治规章是法源的表现形式。而在我国，主流的观点认为法律渊源指的是首创法律规范的文件，作为法律渊源的文件都是法律规范的表现形式[③]，当然还有学者直接将法律渊源等同于法的形式。

作为一项制度，矿业权制度依附于法律渊源，并通过法律渊源将自身内容完整展现出来。当然，其所依附的法律渊源也许是一个，又或许是多个，并且效力不一。

矿产行业的各项法律、法规和其他规范性文件，是规范和管理采矿业的基础。如果要参与东非六国的采矿业，势必应对此有充分的了解。本章梳理了支持和管理东非六国矿业权制度的不同法律渊源，探讨这些法律渊源如何为东非六国的矿业权制度作出规范。本章具体内容包括：国际、区域和国家层面上矿

① 〔德〕考夫曼著.《法律哲学》，刘幸义等译，法律出版社2004年版，第155－156页.

② 〔德〕考夫曼著.《法律哲学》，刘幸义等译，法律出版社2004年版，第155－156页.

③ 张文显著.《法的概念》，法律出版社2011年版，第178页.

业法律的来源；矿业权制度主要依附的国内法律渊源——矿业法近年的修订历程，所经历的时代变迁以及影响矿业法修订的因素。

2.1 矿业权制度的国际法渊源

国际法是用来规制、管理国家间关系的，国际能源和自然资源法亦是国际法的一个领域。在此领域，国际法的作用主要在于提供一个基本的法律框架，规范各国和国际组织以及相互之间在勘探、开发、管理、交换、销售和使用所在国领土上发现的自然资源方面的相互关系。具体而言，矿业权制度涉及的国际法渊源包括国际公约/条约、国际标准、区域性条约和国际法一般原则四类。

2.1.1 国际公约

国际法的主要渊源之一是国际公约，不论是一般性的还是专门性的，其均有在有争议的国家间确立明确承认之规则的作用。事实上，国际公约与国内法中的合同具有相似性，仅在签署协议的各方之间具有效力和约束力。目前为止，东非六国已签署或有意签署且又涉及矿业权制度规范的国际公约有金伯利进程（The Kimberley Process）。

金伯利进程是一项国际性的多利益相关方倡议，于2003年开始运作。金伯利进程的目的是提高钻石行业的透明度，加强对钻石行业的监督，进而消除冲突钻石、反叛团体或其盟友出售的毛坯钻石的贸易；其运作方式主要是通过在国内实施认证计划来控制参与国之间的毛坯钻石贸易，从而使贸易更加透明、安全。截至目前，金伯利进程有56个参与者，代表82个国家，欧洲联盟及其27个成员国算作单一参与者，由欧洲联盟委员会代表。金伯利进程成员约占全球毛坯钻石产量的99.8%。[①] 东非六国中目前仅有坦桑尼亚加入了金伯利进程，并从加入之日起每年均发布钻石贸易的报告。此外，坦桑尼亚通过国

① 数据来自金伯利进程的网页内容．https：//www.kimberleyprocess.com/en/participants.

内法律规定，违反钻石交易条例的规定即属犯罪，如是个人则将被判处五年以下有期徒刑或者二万美元以下罚金，或者两者并罚；如是公司则处以十万美元以下的罚款，并将没收其许可证，永久取消其钻石和其他矿物的勘探、开采或交易资格。

2.1.2　国际标准

采掘业透明度倡议（The Extractive Industries Transparency Initiative，EITI）。EITI 是促进自然资源公开和负责任管理的全球标准，在 2002 年 9 月由时任英国首相的布莱尔在约翰内斯堡举行的可持续发展问题世界首脑会议上首次发起，目的在于改善自然资源管理，减少腐败。EITI 的组织在 2003 年伦敦的一次会议上成立，此次会议还由代表们商定了 12 项原则，并在尼日利亚、阿塞拜疆、加纳和吉尔吉斯共和国启动了试验阶段。2005 年在伦敦举行的第二次 EITI 会议根据此前的原则确定了 6 项标准。此后，更多的国家、公司和民间社会组织加入了这一倡议，国际货币基金组织和世界银行也批准了该倡议。截至 2019 年 9 月，已有 52 个国家成为 EITI 的成员国。

自 2005 年后，EITI 不断完善，进一步充实改善并转化为 23 项要求，即 2011 年的 EITI 规则。2013 年，EITI 标准取代了此前的 EITI 规则，并于 2016 年再次修订。EITI 力求解决石油、天然气和采矿部门的关键治理问题，其要求从开采的角度出发，沿着采掘业价值链提供信息，包括收入如何通过政府获得以及如何使公众受益。

东非六国中，坦桑尼亚于 2009 年 2 月 16 日被 EITI 接受为实施国。坦桑尼亚政府有志于提高该国采掘业的透明度和问责制，被接纳为实施国后积极推进 EITI 在该国的实施，于 2011 年 2 月发布第一份的 EITI 报告，并于 2015 年颁布《坦桑尼亚采掘业（透明度和责任）法》，对政府、行业的信息披露作出了明确要求。此后的每一年，坦桑尼亚均如期发布年度 EITI 报告，披露包括颁发的矿产许可证和签订的采矿合同、矿产的生产量、矿产的税收收入以及收入分配情况等。

经过多方的推动、长久的考量，乌干达议会在 2019 年同意政府批准加入

EITI。[①] 接下来的时间里，乌干达将陆续完成加入 EITI 的步骤：完成政府、公司和民间社会参与的承诺，建立多方利益相关者小组、就 EITI 工作计划达成协议，完成这些步骤后，政府将在多利益相关方团体的支持下，向 EITI 理事会提交 EITI 候选人申请。

布隆迪政府于 2015 年 1 月 20 日由时任能源和矿业部长的康姆马尼拉基兹发表声明，正式承诺在该国实施 EITI 标准。[②] 而截至目前，布隆迪国内关于 EITI 的立法尚未有进展。

南苏丹总统萨瓦尔·基尔曾在南苏丹初独立的 2011 年 12 月宣称其将带领其政府努力加入 EITI[③]，但后来因战乱等原因没有采取任何的实际措施。

肯尼亚、卢旺达都曾收到 EITI 组织的邀请，两国也有过一些考量，但目前尚未有明确的信息表示两国愿意加入 EITI。

2.1.3 区域性公约

为了统一东共体国家的矿业规定以确保对环境友好、无害的采矿做法，同时帮助东共体国家建立一个透明的、负责任的机制，东共体于 2017 年 5 月 19 日公布了《东共体矿业法案》[④]，目前法案已经过了三读程序。《东共体矿业法案》只对各成员国关于矿业方面的立法作出框架性要求，但值得注意的是，对于矿业方面大型采矿企业与当地社区之间的关系、本土成分的要求、手工采矿小型采矿等非洲国家矿业的典型和突出问题，《东共体矿业法案》都作出了要求。大型采矿企业与当地社区的关系方面，其要求成员国应作出立法，规定矿业权人在开展矿业活动前应与当地社区达成协议，当地社区对于是否给予企业相应的矿业权应有表决的权利；关于本土成分的要求方面，其要求成员国应

---

① *Ugandan Cabinet Gives go – ahead to Apply for EITI Membership to Boost Investments*, 2019, 2, 27. http://oilnewskenya.com/ugandan – cabinet – gives – go – ahead – to – apply – for – eiti – membership – to – boost – investments/.

② Samuel Kamau Mbote. *Burundi Commits to Implement the EITI*, 2015, 2, 4. http://oilnewskenya.com/burundi – commits – to – implement – the – eiti/.

③ *President of South Sudan Commits to Global Transparency Standard*, 2011, 12, 21. https://eiti.org/news/president – of – south – sudan – commits – to – global – transparency – standard.

④ The East African Community Mining Bill, 2017.

作出立法，规定矿业权人应提交详细的关于雇佣和培训本国公民、采购本国的商品和服务的计划；关于手工采矿小型采矿方面，其要求成员国应作出立法以促进矿工实现安全、高效和环境可持续的工作条件。

此外，与投资者密切相关的是，《东共体矿业法案》对其成员国关于矿产协议方面的稳定条款作出明确规定，其要求各成员国如无必要，不得为任何矿业权的申请人或持有人提供稳定条款。① 即使有需要，也必须符合如下三个条件：稳定条款仅向签订矿产协议签订者提供、条款仅限于财务方面、稳定期限不超过五年。同时还规定，成员国在矿产协议中即使有稳定条款的存在，也应确保所在国在矿产价格上涨、矿业权人获得回报或盈利时能得到公平的收益。由此也可以看出，东共体对于成员国本土利益的维护以及对外国资本的谨慎态度。

2.1.4　国际法一般原则

“文明国家承认的一般法律原则”是国际法的法律渊源之一，然而却没有一套普遍商定的原则来作为“一般法律原则”。此外，需注意的是，一般原则的合法性来源于各国对其的承认。

与矿业权制度相关的国际法一般原则通常被认为是可持续的资源管理原则。过去的三十年以来，以保护环境、保护自然资源的方式管理和利用世界自然资源的法律义务，一直是国际法的基石。可持续的资源管理，其强调在管理和使用石油、固体矿物和其他自然资源时，需采取协调一致的方法以实现经济发展、社会发展和环境保护之间的平衡。可持续的资源管理，其思想的源泉在于可持续发展的理念。这一理念的定义，即“在不损害子孙后代满足自身需要的能力的情况下，满足当前需要的发展”②，在世界环境与发展委员会（布伦特兰委员会）1987 年的报告《我们的共同未来》中得到确定并得到了普遍

---

① 《东共体矿业法案》第 11 条.

② The Brundtland Report. *Our Common Future*, 1987. https://www.are.admin.ch/are/en/home/sustainable - development/international - cooperation/2030agenda/un - _ - milestones - in - sustainable - development/1987 - - brundtland - report.html.

的认可。可持续的资源管理，设想在维持良好环境和经济、社会发展这两个经常被描述为相互排斥的追求之间实现共生平衡。因此，可持续的资源管理是指以低于或等于自然再生率的速度使用自然资源。它主张，我们今天对自然资源的利用决不能减少其在后代中的可得性和有用性。①

为了实现可持续的资源管理，各国必须促进资源开采的效率、效益和生产方法、技术的提高，以鼓励生态的保持和原材料、能源、水和其他资源的可持续利用。可持续的资源管理原则强调在追求经济增长和发展的同时保护环境，这已成为国际法公认的一般原则之一，并且已被载入许多的国际宣言、国际条约和国内法。② 1997 年联合国大会可持续发展特别会议、2002 年可持续发展问题世界首脑会议以及 2012 年在巴西里约热内卢举行的联合国可持续发展会议，都呼吁各国和利益攸关方促进和实现对自然资源和人类环境乃至世界自然资源的可持续管理和利用。2015 年 9 月，联合国会员国就“可持续发展目标”达成了一致，并作出了《改变我们的世界：2030 年可持续发展议程》。可持续发展的理念和可持续的资源管理原则在国内法、国际法和判例法中迅速崛起，这也意味着可持续的资源管理作为一项与能源和采掘资源国际法有关的基本原则这一地位得到了承认。

2.2 矿业权制度的国内法渊源

在国家一级，东非六国制定了强有力的法律、法规和规定等规范性法律文件，用以规范矿业活动。国内矿业相关立法的渊源可分为三大类：宪法、法律、规章条例，这其中由议会制定并通过的法律通常为国内固体矿产的管理提供了基本框架，它们是政府规定如何在该国获得矿业权利的最基本和最主要的工具。在许多非洲国家，包括东非六国，矿业立法的形式是一部单独的《矿

① Nico Schrijver, *Sovereignty over Natural Resources: Balancing Rights and Duties*, Cambridge University Press, 1997, P121.

② 例如 2002 年的关于国际法一般原则的《新德里宣言》，里面就详细地阐述了国家以理性、合理、安全的方式管理其自然资源的义务.

业法》，该法管理矿产的勘探和开采等矿业活动。此外，东非六国许多国内的法律、法规、文书、指令甚至合同，都与矿业有直接的关系，在这里则主要探讨与矿业权制度直接相关的法律渊源部分。

2.2.1　宪法

矿业权制度所依据的国内法渊源中，宪法渊源是排在首位的。宪法渊源赋予了矿业权制度的根本法律效力，缺了此项渊源，矿业权制度将如无根之木、无源之水。东非六国的宪法大多对自然资源的权属或其监管、治理作出了规定，这便是东非六国矿业权制度的宪法效力来源，其具体的规定如下：

肯尼亚 2010 年宪法第 71 条“涉及自然资源的协议”规定，如果一项交易涉及授予任何人（包括国家政府）或代表任何人向另一人授予开发肯尼亚任何自然资源的权利或特许权，则此项交易须经议会批准同意。同时，议会应制定法律，规定根据前款须经批准的交易类别。

卢旺达 2003 年宪法侧重于对公民的权利义务内容、立法权力及立法机构的设置、行政权力及行政机构的设置、司法权力及司法机构的设置作出规定，而对于矿业权或矿产又或者自然资源的保护方面并没有作出规定。

布隆迪 2005 年宪法第 35 条规定，国家对自然资源的妥善管理和合理利用，都是为了子孙后代而保护环境、节约资源。

南苏丹 2010 年宪法第 41 条“环境”中规定，每个人都有权通过适当的立法行动和其他措施保护环境以造福当代人及日后的子孙后代：a. 防止污染和生态退化；b. 提倡节约；c. 在促进经济、社会合理发展的同时，保障自然资源的生态可持续发展和使用，以保护遗传稳定和生物多样性。

坦桑尼亚 2005 年宪法第 27 条规定，每个人都有责任保护国家的自然资源、国家当局的财产、人民集体所有的一切财产，以及尊重他人的财产。法律要求所有人维护国家机关的财产和人民集体所有的财产，反对一切形式的浪费和挥霍，并遵从人民的态度而勤勉地管理国民经济。

乌干达 2006 年宪法第 244 条“矿产和石油”中规定，（1）根据本宪法第 26 条的规定，乌干达任何土地或水域之内、之上或之下的所有矿产和石油，其全部财产及控制权均归属于代表乌干达共和国的政府。(2) 根据本条,议会应制定法律以规定:(a) 矿产和石油的开采;(b) 开采矿产和石油而产生的特许权使用费;(c) 开采矿产和石油而产生的赔偿金支付条件;(d) 修复被弃土地的条件。(3) 开采矿产、矿石和石油,应当兼顾个人土地所有者、地方政府和中央政府的利益。(4) 在本条中,"矿产"是指除石油以外,经由地质作用形成或受地质作用影响的,天然存在于地球内或地球上的,不论是固体、液体或气体形式的任何物质;"石油"是指 (a) 任何气态、液态或固态的天然碳氢化合物;(b) 任何气态、液态或固态的天然混合物;(c) 任何气态、液态或固态的一种或多种天然碳氢化合物或任何天然混合物;包括 (a)、(b) 段或本段所定义的已返回天然储层的石油,但不包括煤、页岩或从煤或页岩中提取的物质。(5) 就本条而言,"矿物"不包括黏土、红土、沙子或通常用于建筑或类似用途的石头。(6) 议会可对除本条下定义的矿物以外的任何物质的商业性开采作出规定。

2.2.2 法律

矿业法或采矿法是东道国政府监管矿产开发的主要工具之一。它规定了矿产行业各攸关方的法律权利和法律义务,获得并保持矿业权的要求和程序,争端出现及裁决的选择和要求等。理想情况下,矿业法还是政府部门的规划工具,明确政府部门的管辖权,并向外部世界提供一个全面、清晰、易于使用的图则以详细说明政府的政策和法规。因此,矿业法承载着当前政府政策的信号,也是东道国利用该行业开展国际公共关系的重要工具。[①] 但就东非六国而言,矿业权制度的议会制定法渊源除了矿业法以外,还有一些关系极为密切的法律。本部分将介绍东非六国矿业权制度所依据的主要议会制定法渊源,以及矿业法所经历的修订历程、时代变迁以及其修订所受的影响因素。

① Mirian Kene Omalu, Armando Zamora, *Key Issues in Mining Policy: a Brief Comparative Survey on the Reform of Mining Law*, Journal of Energy & Natural Resources Law, 1999, 1, P13 -38.

2.2.2.1　主要的法律渊源

肯尼亚矿业权制度的主要议会制定法渊源包括《矿业法》《自然资源（利益分享）法》。《矿业法》于 2016 年 5 月 27 日开始施行，分十五部分共 225 条，包括一般原则，行政管理，矿产机构，矿业权的一般规定，矿产协议，矿业权的提交、暂停及取消，地表权的补偿及争议，矿产的交易，健康安全和环境，财务规定，矿业权的记录和登记，监管、遵守及执行，杂项规定，取消、保留，过渡性规定及最后的附件。《自然资源（利益分享）法》于 2018 年颁布施行，对特许权使用费分配委员会的职责、利益分享协议、自然资源特许权使用费基金的财务规定、保留基金的使用等杂项作出了规定。应注意的是，肯尼亚议会在 2018 年 4 月制定了《本土成分法案》，该法案即将颁布施行，其对国家和县级政府的职责、设立本土成分发展委员会、本土成分计划内容（雇佣和培训、技术研究的转让、研究和发展、金融服务、本土成分绩效报告）、本土成分发展的策略以及罚则等杂项作出了规定。

卢旺达的《采矿和采石法》《矿产税法》为卢旺达矿业权制度提供了主要的法律框架。《采矿及采石法》于 2018 年出台，分九部分共 55 条，包括一般规定，获取矿产许可证，矿产许可证持有人的权利和责任，暂停和取消矿产许可证，地表所有权人的权利，环境保护、健康及安全，采石许可证，财务规定，杂项、过渡性条款和最终条款。《矿产税法》于 2013 年 8 月 2 日发布，共 14 条，分别对矿产的分类、矿产税的支付、矿产税目、矿产总价值的决定、应纳税所得额中可扣除的矿产税、矿产的免税、矿产税到期日、矿产税的申报和缴纳、税务程序等作出了规定。

在坦桑尼亚，与矿业权制度密切相关的法律较多，包括《矿业法》《采掘业（透明度和责任）法》《自然财富和资源（永久权利）法》《自然财富和资源（审查和重新谈判不合理条款）法》《成文法（杂项修订）2017》《成文法（杂项修订）2019》。《矿业法》于 2010 年颁布实施，此后经多次修订，分十一部分共 116 条，包括总则，基本原则，监管，矿业权，矿产交易许可证，特许权使用费、费用及其他收费，限制、报告和进入权，争端解决，矿业权的登记，附则，废除和保留规定以及最后的附件。《坦桑尼亚采掘业（透明度和责任）法》于2015年开始施行，对坦桑尼亚EITI委员会、采掘公司披露的法律义务、独立调解员的任命、年度报告等方面内容作出了规定。《自然财富和资源（永久权利）法》于2017年颁布施行，对坦桑尼亚就自然财富和资源所拥有的永久权利作出了特别的规定和说明。《成文法（杂项修订）2017》《成文法（杂项修订）2019》均对2010矿业法有所修改，涉及特许权使用费收取比例的更改等。

乌干达、布隆迪和南苏丹的矿业权制度主要由《矿业法》进行规范。乌干达《矿业法》于2003年颁布施行，分十二部分共123条，包括前言，行政管理，矿产协议、踏勘许可证、勘探许可证、保留许可证，本土许可证，对采矿作业的检查权，购买、出售以及处理矿产，矿业权和地表权，矿业权的撤回、撤销和注销，登记册和记录，财务规定，环境保护，杂项规定。布隆迪《矿业法》于2013年颁布实施，分九部分共179条，包括总则，矿业权，禁止区域保护、环境保护和放射性物质规定，税收制度，刑法规定、行政和司法程序，杂项、过渡和最终规定。南苏丹《矿业法》于2012年颁布实施，二十六部分共198条，包括基本规定，行政管理，矿业土地，踏勘许可证，勘探许可证，小型采矿许可证，大型采矿许可证，保留许可证，手工采矿许可证，采矿许可证一般规定，矿业证件的更新和撤销，勘探和采矿协议，边界，租金、特许权使用费和税，环境和社会规定，地质和其他调查，放射性矿产，发现通知，矿产资源建设，接入、使用和占有土地及补偿，道路，地籍登记处和地图中的记录和注册，事故查询，犯罪、惩罚及其程序，审判程序，计划和规章。

2.2.2.2 法律渊源之矿业法的不停改革

在大多数国家，矿业法是界定勘探和开采基本框架的关键法律。矿业法应确定的关键问题包括：如何获得权利、可获得权利的性质、施加的义务、如何失去权利等。对于矿业法而言，有两个要求是最基础、最普遍的：

一是矿业法应全面，并应尽可能多地包含如税收、环境、健康与安全、进出口法规、外汇和关税问题等有关规定。这源于矿产行业性质的特殊，它的治理、管理往往需要纳入由几个部委（矿业和能源、金融、经济、国内贸易、对外贸易）和机构（中央银行、中央计划委员会、海关、土地等）管辖的法规。

二是矿业法不应允许有广泛的行政自由裁量权。矿业法应提供明确定义的权利，并采用透明的、由公正的专家裁决的标准。对于采矿业，现代方法的特点是国家退出采矿业，政府机构的作用限制在保护极少数但基本的公众关注方面（比如环境、积极和合理地利用公共土地和资源、国内经济一体化以及税收）。[①] 因此，其表现为几乎没有自由裁量权、最低限度的谈判、清晰的透明度和可预测的决策标准，以及对满足商业期望的标准化制度的强调。[②] 在这里面，政府机构几乎不需要作出决策，从而减少官僚摩擦、腐败和各种令人望而生畏的交易成本。各国之间的国际竞争在很大程度上加强了监管制度提高透明度、最大限度地降低企业腐败和交易成本。

法律改革是经济发展政策发生根本性变化后的一个过程的高潮。这一进程产生的新法律在不同程度上反映了一个国家对所面临问题的政策解决方案，及其改革进程中的特殊情况。矿业法改革是振兴矿业的主要手段，尤其是当一个国家的矿产行业遭受停滞和缺乏政策关注时。[③]

2.2.2.2.1　*矿业法近年的修订历程*

近些年来，东非六国对矿产行业的关注空前高涨。为了实现矿产行业对国民经济增长的更大贡献，东非六国掀起了又一轮修改矿业法的高潮。

布隆迪于 2013 年出台新的矿业法代替了 1976 年的矿业法。新矿业法将采矿业与石油和天然气行业分离开来，石油和天然气继续受旧的采矿和石油立法的管辖，直到通过新的、独立的法典。而新矿业法的意义在于，将此前认为是

---

① T Wiilde. *Mineral Development Planning and Legislation*: *In Mining Policies and Planning in Developing Countries*, UN NRED/DTCD, New York, 1989.

② Mirian Kene Omalu, Armando Zamora. *Key Issues in Mining Policy*: *a Brief Comparative Survey on the Reform of Mining Law*, Journal of Energy & Natural Resources Law, 1999, 1, P13 – 38.

③ Mirian Kene Omalu & Armando Zamora. *Key Issues in Mining Policy*: *a Brief Comparative Survey on the Reform of Mining Law*, Journal of Energy & Natural Resources Law, 1999, 1, P13 – 38.

不发达的采矿业调整为布隆迪的“优先”行业。此前布隆迪的采矿业主要由小型或工匠型矿业公司主导，新的矿业法希望通过放宽立法框架来改变这一现状，以吸引大型私人公司和外国投资者的更多兴趣①，从而促进矿业经济的发展，加大矿业经济对国民经济的贡献。

肯尼亚现行的矿业法于2016年初由议会通过并在5月由总统肯雅塔签署发布，此前1940年版的矿业法即全面废止。自1940年殖民时代以来，肯尼亚的采矿和矿产部门受到法律和特别条例的管制，在漫长的时间里矿产行业均未能吸引适当的投资和增长，因此矿产行业在肯尼亚国内生产总值的贡献不足1%。事实上，1940年版的矿业法也呈现出许多不足之处：过时的法律框架和规定；勘探和采矿用地管理不善；处理矿产营销和增值的专业知识不足；行业发展资金不足；环境恶化；性别不平等和童工；教育和人力不足；手工和小型采矿以及相关的恶习和争论；财税制度结构不良，无法产生国民经济所需收入。② 相较于1940年的矿业法，肯尼亚的2016年新矿业法在政府的参与、矿业权的设置、环境保护与社会责任、行业信息的网络信息公开与透明要求以及矿产特许权使用费等方面作出了全新的要求，以解决过时的法律框架和法规、勘探和采矿用地准入、地质数据和信息不足、矿产营销和增值、资金不足、环境恶化、性别问题和童工问题。③

卢旺达新《采矿及采石法》于2018年8月13日开始施行，取代了2014年的《采矿及采石法》。2014年的《采矿及采石法》实施时间并不长，其目的在于吸引新的投资者、提高矿产品开采效率、增加附加值并促进税收增长，同时便于政府对矿业投资者的行为进行监管。而相较于2014年的《采矿及采石法》，新《采矿及采石法》更注重采矿行业的专业化和安全性要求，对非法经营采矿业务的矿业公司或个人的惩罚（包括监禁和罚款）、矿山周围社区的安全、在开始采矿或采石场作业前进行环境和社会影响评估等方面作出了新的

① *Burundi mining: New Code Aims To Boost Foreign Investment*, https://www.tabj.co.za/african_business_news/7847.html.

② Hanson K. T., Mensah K. A. *Kenya: Mineral Policy*, In: Günter Tiess, Tapan Majumder, Peter Cameron (eds) Encyclopedia of Mineral and Energy Policy, Springer Berlin, 2018.

③ *New Mining Bill in Kenya - A Directive to Regulate the Sector.* 2012, 2, P34-37.

规定，并对矿业权的范围予以扩大，增加了矿产贸易和矿产加工许可证、采矿支持服务许可证。

南苏丹政府 2011 年独立于苏丹，2012 年即通过新的矿业法并颁布施行。南苏丹的国民经济收入绝大部分来自石油，颁布 2012 矿业法的目的之一就是通过立法规范金矿开采，吸引较大规模的投资者进入金矿领域。①

坦桑尼亚的矿业法修改似乎是一个漫长而又没有止境的过程。在坦桑尼亚独立并组成联合政府后，在“外国公司都是来掠夺财富”的观念影响下，坦桑尼亚成立了国家矿业公司来统一进行矿业活动，但收效甚微，甚至每况愈下。二十世纪七十年代，开放矿产行业、引进外国投资的呼声越来越高，为顺应民意、提振矿业发展，坦桑尼亚政府在 1979 年颁布了新矿业法。之后，又陆续出台了一些与矿业投资有关的法律法规，后来又在 1989 年对矿业法进行了重要的补充和修改。这些规定的内容包括，坦桑尼亚的矿产资源属于国家，任何人都可获得政府批准的矿业权，采矿者缴纳的税种包括资源税、所得税、红利预扣赋税、股息汇出税，此四种税的比例分别为所采矿产总价值的 1% 至 5%（资源税）、35% 至 40%（所得税），5% 至 10%（红利预扣赋税），10%（股息汇出税）。② 此外，外国企业的话，其可存境外银行的收入可达 70%。③ 1989 年的矿业法对外商投资无疑是极具吸引力的，但在资源治理的框架上存在许多纰漏，于是又有了 1998 年对矿业法的修订。1979 年、1989 年、1998 年三个版本的矿业法昭示了坦桑尼亚采矿制度自由化的进程，步伐极大、决心很强，结果却又不尽如人意：外商投资的确是增加了，出口矿产也日渐增长、比重加大，然而矿业对国民经济的贡献并未大幅增加，矿业公司以“飞地”模式的运营并未产生与其他经济部门过多的联系，环境恶化问题突出等。这些问题的出现使得坦桑尼亚反思此前矿业法的选择是否过于偏颇，于是就有了 2010 年矿业法的出现。在 2017 年、2019 年又对 2010 年矿业法进行了两次重

---

① South Sudan hopes to pass “attractive” mining act by Oct, https://www.defenceweb.co.za/governance/governance - governance/south - sudan - hopes - to - pass - attractive - mining - act - by - oct/.

② 陆李萍.《坦桑尼亚的矿产开发和矿业法规》,《江苏地矿信息》1998 年第 5 期.

③ 陆李萍.《坦桑尼亚的矿产开发和矿业法规》,《江苏地矿信息》1998 年第 5 期.

大的修订，提升特许权使用费的征收比例、削减矿业部长的权利、禁止出口原矿、争议问题应在坦桑尼亚本土的司法机构或仲裁机构下解决等是修改的重要内容。至此，坦桑尼亚对于矿业发展的期待发生了改变，吸引外资已然不是坦桑尼亚的首要目标了，如何让矿业经济推动国民经济的包容性增长取代了它成为坦桑尼亚政府最为看重的方面。当然，不论矿业法如何修改，其终极目的仍在于推动矿产行业的规范发展、促进矿产经济对国民经济的贡献、增加坦桑尼亚政府的收入。①

乌干达是东非六国中较早修改矿业法的国家，新的矿业法于 2003 年公布施行，代替了 1964 年版的采矿法，而相较于旧矿业法，2003 年版矿业法的突出改变是将之前的勘探许可证有效期限增加为三年，可续期两次，每次两年；增加矿业公司与政府签订矿产协议有选择权的条款；一旦发现矿床，根据申请，政府有责任授予矿业权；允许妇女在露天或地下采石场工作。② 此次修订的目的在于提高矿业投资的竞争性，吸引更多的外国投资。目前乌干达正在对矿业法进行修改，其中修订的重点之一就是矿业权的授予方式，计划以竞争性招标的方式取代“早申请者优先”的做法。

2.2.2.2.2 矿业法修订经历的时代变迁

在过去的几十年里，变化一直是非洲国家矿业法的一个特点。③ 东非六国亦是同样。实际上，矿业法的变化其实是矿产行业不断改革过程的反映。而改革，从含义上看，若是动词，其指的是改变某些东西（通常是社会、政治或经济制度）以改进它，又或者是通过消除或纠正错误、问题来改善（某人或某事）；若是名词，其指的是一种改进，特别是在一个人的行为或某种组织结构中。④ 不论是动词还是名词，改革都意味着改善、进步、发展，这同时也是

---

① Tanzania: Mining Reforms Pay Off, https: //www. africandiasporaleaders. com/tanzania – mining – reforms – pay – off/.

② *Uganda Amends Mining Act*, https: //allafrica. com/stories/200410261180. html.

③ *Mining's Changing Legal Landscape*, African Banker 4th Quarter 2015, P52 – 53.

④ Rachel Perks. *Re – Framing the Nature and Success of the "Post – Conflict" Mineral Reform Agenda in Rwanda*, The Extractive Industries and Society, 2016, 4, P329 – 339.

改革的目的所在。

对于非洲国家矿产行业的改革，西方学界普遍认为其历经了殖民时期的受控时代、国有化时代和自由化时代。值得关注的是自由化时代，整个非洲地区进展不一，经历了不同代次的浪潮，且每一次的浪潮都伴随着矿业法的深刻改革。

殖民时期的受控时代。外国参与非洲资源开采行业的历史非常悠久。殖民时期的诸如引入现金经济和基础设施投资等政策，其目的都是为了获取宝贵的矿产资源。政策倒是丰富，但殖民时期由欧洲控制的矿产行业将大部分收入转移到国外，实际上采矿业对非洲国内的整体发展贡献甚微，而且负面影响极为显著，所有权的丧失、当地资源的锐减，社区还遭受严重的社会混乱和环境破坏。① 坦桑尼亚在这一时期的金矿开发也很迅速，主要由南非和英国的矿业公司主导，然而没有例外，坦桑尼亚矿山的所有权和对利润分配的控制牢牢掌握在外国投资者手中。当然，虽然所有权集中在外国投资者手中，但大约有 21240 名坦桑尼亚人在金矿工作。② 在卢旺达，从二十世纪二十年代到 1962 年独立后的很长一段时间，其矿业经济都主要由科洛尼亚公司控制。

独立后的国有化时代。作为对殖民时期被严重剥削的反应，许多独立后的非洲国家政府认为资源应当掌握在自己国家手中而不应再被外国公司所掠夺。这些独立后的非洲国家政府不约而同地选择了国有化的做法，成立国家矿业公司，对矿产行业的各项业务进行全面接管。有学者认为这是民族主义的做法。③ 独立后的坦桑尼亚起初仍然依赖英国的人力和金融资本，但这不符合国民的预期。此后坦桑尼亚政府努力施加压力以结束这种外部依赖。在 1970 年至 1975 年间，坦桑尼亚正式致力于泛非社会主义愿景，奉行乌贾玛政策强调

---

① Prichard, Wilson. *The Minerals Boom in Sub - Saharan Africa: Continuity, Change and Prospects for Development*, In H. Melber and R. Southall (eds) The New Scramble for Africa? Imperialism, Investment and Development, KwaZulu - Natal Press, Durban, 2009.

② Roberts, A. D. *The Gold Boom of the 1930s in Eastern Africa*, African Affairs, 1986, 85 (341), P545 - 562.

③ Hany Besada & Philip Martin. *Mining Codes in Africa: Emergence of a "Fourth" Generation?* Cambridge Review of International Affairs, 2015, 2, P263 - 282.

大家庭的重要性，拒绝西方式的资本主义，陆续将铁路、农业、采矿和银行业等行业国有化。采矿业的国有化在1967年开始，1972年成立了国家矿业公司来运营该行业。① 此外，坦桑尼亚政府还实施了更严格的有关当地就业、国内投入来源、改善计划和税收的法规。② 在乌贾玛政策的实施下，坦桑尼亚在二十世纪六十年代和七十年代似乎取得了成功，各个族群间联合起来，形成了强大的民族认同、民族团结与和谐。③ 然而，到二十世纪八十年代后期，坦桑尼亚开始经历严重的经济停滞和社会动荡，在1965年至1990年，人均国民生产总值平均每年下降0.1%，而整个二十世纪八十年代平均每年下降30%。④ 总体经济衰退影响了该国的黄金开采，在独立后的几年里，坦桑尼亚最大的四个金矿陆续被关闭：木万巴（Mukwamba）在1960年，盖塔（Geita）和卡巴卡里（Kiabakari）在1966年，布赫姆巴（Buhemba）在1970年。⑤ 二十世纪六十年代初期，黄金产量每年超过3吨，但在1967年所有矿山国有化后，1970年的产量已降至每年10公斤。⑥在采矿业国有化之后，其对国内生产总值的贡献从二十世纪六十年代的4%降至3%，到1981年仅为1%。⑦ 尽管乌贾玛政策是为了掌握矿业经济的主动权，但国有化已经剥夺了该行业的投资和资本，并且越来越多的矿产品被走私出境并在黑市上出售。与此同时，坦桑尼亚更大范围的经济接近崩溃，并出现资本短缺和城市社会动荡，这在坦桑尼亚是前所

---

① Siri Lange. *Gold And Governance: Legal Injustices And Lost Opportunities In Tanzania*, 2011, Published by Oxford University Press on behalf of Royal African Society.

② Prichard, Wilson. *The Minerals Boom in Sub－Saharan Africa: Continuity, Change and Prospects for Development*, In: H. Melber and R. Southall (Eds) The New Scramble for Africa? Imperialism, Investment and Development, Durban: KwaZulu－Natal Press, 2009.

③ Newenham－kahindi, A. M. *A Global Mining Corporation and Local Communities in the Lake Victoria Zone: The Case of Barrick Gold Multinational in Tanzania*, Journal of Business Ethics, 2011, 99 (2), P253－282.

④ World Bank. *Mineral Sector Development Technical Assistance Project: Tanzania*, Geneva: World Bank, 1994.

⑤ *A History of Gold Mining in South Africa, Ghana and Tanzania.* In: A. Elbra (Eds). *Governing African Gold Mining: Private Governance and the Resource Curse*, Palgrave Macmillan Press, 2017, P67－103.

⑥ *A History of Gold Mining in South Africa, Ghana and Tanzania.* In: A. Elbra (Eds). *Governing African Gold Mining: Private Governance and the Resource Curse*, Palgrave Macmillan Press, 2017, P67－103.

⑦ Lange. *Benefit Streams from Mining in Tanzania: Case Studies FroGeita and Mererani*, Bergen: Chr. Michelsen Institute, 2006.

未有的。①

在卢旺达情况则有所不同。这一时期矿业经济先是由国家占有多数股权的国有企业（Société Minière de Rwanda）所控制，后来成立了完全国有化的公司（Régie d'Exploitationet Developpement des Mines）进行矿业开发和贸易，其主要依据是1971年矿业法。卢旺达与其他国家表现不太一致的是，尽管期间所有权的归属不同，但都依赖于农村劳动力（手工采矿者）、微型的机械化和低资本投资。② 在这一期间，矿业最明显的宏观经济贡献是出口收入和就业。1967年至1973年间，矿产出口值占出口总额的百分比显著，1969年达到42%的峰值。与咖啡相结合，这两个部门占总出口的80%至93%。③ 随着二十世纪八十年代末结构调整期的临近，采矿业成为当时卢旺达的主要出口收入来源。

自由化时代。二十世纪七十年代，受自然资源永久主权观念的影响，一些国家的矿业法强调对私人投资的限制，以及通过国家审查机构与外国投资谈判而赋予政府极大的自由裁量权。这种做法反映了当时占主导地位的国家主义和民族主义的思潮。然而实践证明这种方法似乎不可行，大型审查以及限制性、自由裁量的谈判已经形成了巨大的腐败危机，因为这将增加投资的成本以及投资的不确定性和不可靠性，而这恰恰是抑制投资的一个主要因素。④ 人们普遍认为，低效的国家管理导致矿产行业境况不佳，再加上政府对国际金融机构贷款的依赖日益增加，非洲矿业部门自二十世纪八十年代末开始进行重大改革。在这过程中，国际上影响较为广泛的是“华盛顿共识”。针对跨国矿业投资，华盛顿共识议程提出了国有企业的大规模私有化、终止外国所有权限制、降低税率和特许权使用费、改革劳动法以允许更大的灵活性、终止对当地采购和雇

---

① Cooksey, B., Kelsall, T. *The Political Economy of the Investment Climate in Tanzania*. Washington, DC: U. S. Department of State, 2011.

② Rachel Perks. *Re – Framing the Nature and Success of the "Post – Conflict" Mineral Reform Agenda in Rwanda*, The Extractive Industries And Society, 2016, 3, P329 – 339.

③ Rachel Perks. *Digging into the Past: Critical Reflections on Rwanda's Pursuit for a Domestic Mineral Economy*, Journal of Eastern African Studies, 2013, 4, P732 – 750.

④ Rachel Perks. *Re – Framing the Nature and Success of the "Post – Conflict" Mineral Reform Agenda in Rwanda*, The Extractive Industries And Society, 2016, 3, P329 – 339.

佣的要求等建议。[①] 因此，在第一波的自由化浪潮过程中，非洲各国政府在退出矿业经营者角色的同时，把主要职能放在了通过提高效率和“非政治”的监管来促进私人投资上。反映在矿业法中，其表现是限制资源部门的国有所有权、现有国营采矿业务的私有化以及消除当地的采购和就业要求，加纳就是这一轮矿业立法变革的典型代表。而坦桑尼亚也不甘落后，其对1979年矿业法进行了大幅度修改，于1989年颁布施行新的矿业法，开放了矿业的私人准入，在资源税、所得税、红利税等方面作了极大的优惠，其主要目的就是吸引外国投资、发展矿产经济。这些利好措施取得了显著的效果，仅在1991年，矿产销售就增长了70%。[②] 此后的几年时间里，大型采矿也得益于私人投资而得以逐渐恢复，对GDP的贡献也逐年上升。

第二波自由化的浪潮于二十世纪九十年代初至中期展开，延续了自由化和私有化的趋势，但名义上承认某些社会和环境法规的约束。说其“名义”上是因为这些规则对跨国公司没有约束力，各国政府执行这些规则的能力很小。这一波浪潮中，东非六国几乎还没来得及追赶上，矿业法也没有什么修订能体现出来。

第三波自由化的浪潮出现在二十世纪九十年代末，以马里和马达加斯加等国为代表。坦桑尼亚矿业的自由化正好处于这一波浪潮中。尽管采矿业自由化以及黄金和钻石销售均有增长，但坦桑尼亚经济仍受到二十世纪九十年代经济增长不佳的阻碍，人均国内生产总值在1990年至1999年期间平均下降0.2%。为解决此问题，坦桑尼亚政府再次寻求国际金融机构的援助。1994年，世界银行为坦桑尼亚启动了1450万美元的矿产行业技术援助项目，以进一步开放该国的采掘业并刺激经济增长。该项目的目的是引入“法律、监管和财政框架，从而为私人投资采矿创造有利环境”[③]。1997年，坦桑尼亚政府以世界银

---

① Szablowski, D. *Transnational Law and Local Struggles, Mining, Communities, and the World Bank*, Oxford & Portland: Hart Publishing, 2007, P127.

② Ainsley Elbra. *A History of Gold Mining in South Africa, Ghana and Tanzania*, In: Adam B. Elhiraika, Gamal Ibrahim, William Davis (Eds). *Governing African Gold Mining: Private Governance and the Resource Curse*, Palgrave Macmillan Press, 2017, P67 - 103.

③ World Bank. *Mineral Sector Development Technical Assistance Project: Tanzania*, 1994.

行项目为基础，出台了新矿产政策，强调了政府作为矿山的监管者而非所有者的作用。此后，坦桑尼亚于 1998 年出台新的矿业法，并于 1999 年公布新的矿业法条例。1998 年矿业法实施以后，因为放开了原有的所有权限制、允许 100% 的外国所有权、资本和利润的汇回完全不受限制，以及资源国有化和征收都得到了许诺和保障，跨国矿业公司在坦桑尼亚的金矿业中占据了主导地位。政府多次表示希望通过这种方法能在 2025 年之前使矿产行业对 GDP 的贡献提高到 10%，然而矿业并未能为坦桑尼亚带来预期的政府收入。在 1998 至 2002 年间，矿业公司出口总额的 90% 以及 2002 年 7 个主要矿山的政府收入仅为 3620 万美元。① 原因主要在于 1998 年矿业法规定黄金的特许权使用费仅为 3%，并规定了免税期。2007 年，当一些矿山通过了增值税和免税的五年期时，政府的采矿收入已经上升到 1.922 亿美元。② 当然，这一数字与同期的加纳、巴布亚新几内亚等其他国家相比，仍然非常低。同是在这一年，坦桑尼亚收到的国家官方发展援助为 28.2 亿美元，是其采矿收入的二十几倍将近三十倍，起初想要摆脱援助者影响的愿望，在 1998 年矿业法施行将近十年时间里仍未得到实现。

非洲矿业自由化经历了不同的浪潮，每一次的改革其争论的焦点都在于矿业经济改革是否“变得更好”这一问题上。二十世纪八十年代，“良好改革”的衡量标准是国家债务的减少，而后来就矿业对发展的潜在贡献这一方面的理解则更加丰富，也更加复杂，“良好改革”的衡量标准慢慢转化为矿产开采出口与国家减少贫困、增加经济增长的能力之间的关系。

经历了前所未有的、基本上不受管制的矿业自由化之后，人们发现，自由化的监管框架虽然成功地吸引了越来越多的外国投资，但它似乎只是为外国矿业公司和一小部分当地精英提供利益，而不是为受影响的社区提供广泛共享的福利；资本密集型的采矿活动与本国、当地的经济联系并不强，所需的设备、机械和消耗品通常都是进口的，就业机会的产生也受到该行业资本密集型性质

---

① Siri Lange. *Gold And Governance*: *Legal Injustices And Lost Opportunities In Tanzania*.

② African Affairs, 2011, 4, P233 - 252. Siri Lange. *Gold And Governance*: *Legal Injustices And Lost Opportunities In Tanzania*, African Affairs, 2011, 4, P233 - 252.

的限制。此外，地方官员往往缺乏准确监测外国矿业公司产出和资本支出的能力，使企业能够操纵其纳税义务，并将支付给地方政府和受采矿影响社区的特许权使用费降至最低。总体而言，矿产资源的开发并未给本国人民带来真正的发展效益。世界银行在2012年的《非洲脉搏》报告中说，资源丰富国家的强劲经济增长未能显著降低其贫困水平，最常见的原因是政府和跨国公司未能将资源收入重新投资于卫生、教育领域以及就业创造服务。① 在矿业自由化带来的众多挑战面前，非洲国家应对的能力明显不足，一方面缺乏监测和执行相关管理法律法规的能力，资源收入管理政策缺乏透明度，另一方面当地就业收益有限，社区一级的贫困程度并没有降低，这促使人们越来越多地呼吁更强的资源治理策略。

在这新一波的自然资源治理倡议中，收入效益和次国家分配的改善、透明度和问责制、本土化的内容、企业社会责任、环境问题的重视、劳工标准和报酬、妇女的参与等问题都得到了广泛的关注。布隆迪2013矿业法、肯尼亚2016矿业法、卢旺达2014或2018矿业法、坦桑尼亚2010矿业法及2017年、2019年的修订、乌干达2003矿业法对以上的问题都有所涉及，区别在于侧重点有所不同而已。新一波的自然资源治理倡议，呼吁“更多的财政空间和响应性税收，使东道国能够更好地获取横财收益，并鼓励将收入用于增值……包括创造就业机会、当地采购商品和服务、创业发展、技能和知识创造、技术转让、基础设施扩张，几乎是所有的联系”②，因此许多人认为，这些变化与支撑前三代矿业法自由化的经济发展模式有着根本性的背离。③ 坦桑尼亚2019年新修订的矿业法以及新出台的《自然财富和资源（审查和重新谈判不合理条款）法》开启了对矿产协议的全面审查，这似乎更印证了以上说法的正确性。

---

① Mark Tran. *Africa's Mineral Wealth Hardly Denting Poverty Levels*, World Bank: The Guardian, 2012, 10, 5. http://www.openhealthnews.com/news-clipping/2012-10-05/africas-mineral-wealth-hardly-denting-poverty-levels-says-world-bank.

② Pedro, A. M. A. *The Africa Mining Vision: Towards Shared Benefits and Economic Transformation*. Great Insights, Volume 1, Issue 5. 2012, 7. https://ecdpm.org/great-insights/extractive-sector-for-development/the-africa-mining-vision-towards-shared-benefits-and-economic-transformation/.

③ Hany Besada, Philip Martin. *Mining Codes in Africa: Emergence of a "Fourth" generation?* Cambridge Review of International Affairs, 2015, 2, P263-282.

2.2.2.2.3　矿业法修订的影响因素

矿业改革是为了解决社会利益冲突引发的问题，其结果体现为政策的发展变化。这一过程开始于对矿产开发的具体方面形成压力，随后出现的问题成为利益冲突的焦点，之后再通过立法和监管来实施解决这些问题的政策方案。[①] 矿业改革是社会从一种政策解决方案转向另一种政策解决方案的过程，其明显的表现是法律和法规的一系列变化。在矿业法律修订过程中，不同国家既体现出相似性又表现出差异性，毕竟不同国家的问题形成和压力来源是不同的，其相对应的政策解决方案也是独一无二的。在东非六国的矿业法修订过程中，以下这些因素对东非六国矿业法的改革影响深远：

其一，对矿业经济的认识和重视程度。随着时间的推移，世界各国人民的生活水平大体持续提高。尽管如此，根据 2019 年世界银行发展指标显示，非洲的人均 GDP（约 0.19 万美元）还不到全球平均水平的五分之一（1.13 万美元）。[②] 因此，与世界其他地区相比，非洲仍然是一个贫穷的大陆。对于大多数非洲国家来说，显著增长经济、缩小与世界其他国家的差距无疑是其重要目标，矿业则是其中的关键所在。与非洲国家传统的种植业相比，矿产行业具有吸收国际投资多、政府资金投入少、收入见效快等明显特点。在非洲国家的殖民时代，矿产就是宗主国觊觎、掠夺非洲国家的主要资源，非洲国家曾向其宗主国输送了大量的矿产资源。因此，非洲国家对矿业经济重要性的认识早已存在基础，当然这也是一个渐进的发展过程。而如今，非洲国家对矿业经济有了更深入的认识：认识到矿产资源属于国家；投资者投资主要是因为他们想赚钱，同时这些资源对西方工业至关重要；矿产资源不是无限的，利用好这些资源非常有必要；矿产资源既然不可再生，那就应该致力于经济的可持续发展，否则就是竭泽而渔。[③] 这些认识和观念的发展变化在非洲国家的矿业法修订中

---

① Mirian Kene Omalu, Armando Zamora. *Key Issues in Mining Policy: a Brief Comparative Survey on the Reform of Mining Law*, Journal of Energy & Natural Resources Law, 1999, 1, P13 – 38.

② World Bank. World Development Indicators, 2017. http://data.worldbank.org/indicator/.

③ Terhemba Ambe – Uva. *Whither the state? Mining Codes and Mineral Resource Governance in Africa*, Canadian Journal of African Studies, 2017, P225 – 267.

得到了较为充分的体现。

其二，对外国投资的需求程度。矿产资源是不可再生甚至是不可替代的。在过去的非洲大陆，外国投资者对这些资源的开发往往被认为是对国家主权的冒犯，并且不利于通过本土资源基础转化而实现发展目标。二十世纪六十年代和七十年代是典型的矿产资源专属权，实际上是国有企业垄断获取矿产资源，限制外国所有权和外国投资形式。然而，从二十世纪八十年代开始，资源民族主义已被逆转，取而代之的是对私营部门活动的新重视。这时，只要有吸引人的资源和稳定的新矿产政策，就会吸引大量投资，主要是国际矿业公司，有时也会是本土企业家。发生这一逆转的原因有两方面，一方面在于国有矿业公司的失败，矿产行业发展停滞不前，另一方面全球经济私有化和自由化概念普遍盛行，非洲大陆积年贫困的背后隐藏着求发展求进步求改善的普遍冲动，而矿产行业的外国投资正是满足以上两方诉求的最佳选择。直至今天，非洲国家尤其是东非六国对于外国投资的进入仍然保持着如饥似渴，因此东非六国对于矿业法的修订，其目的之一就是在国际竞争白热化的情况下最大限度地吸收外国投资。

其三，对利益分配的考量。吸收外国投资进行矿业开发，不可避免就会涉及跨国公司与所在国各自收益的平衡问题。有学者的研究显示，1990 年至 2010 年，世界顶级矿业公司的利润增长达到当地各州收入的三倍。在这十年里，这些矿业公司的利润达到 1100 亿美元，相当于同一年非洲所有欠发达国家的出口总额。① 此外，非洲的采矿业与国民经济并不融合，拥有和经营矿山的外国公司以原矿形式出口矿产，并从国外进口大部分矿产。因此，如何才能更大程度地分享采矿收入，是非洲国家极力思索并努力寻求最佳答案的问题。在二十世纪八十年代和九十年代，非洲的矿业政策改革侧重于国家从采矿业的脱离和挖掘市场化经营在商业活动中的优势，以吸引外国投资采矿业，并且不允许地方政府从其矿产财富中获益。自 2000 年初以来，一些事态发展促使非

① Carlos Lopes. *Africa must Benefit from its Mineral Resources*, 2013. http://www.uneca.org/es-blog/africa-must-benefit-its-mineral-resources.

洲国家有意识地努力从这一领域获益。新一轮对非洲资源争夺的一个显著特点是，非洲国家有权按自己的条件从其自然资源中获得收入，并强调国家在国家、次国家和地方一级获取和分享资源开采效益方面的作用。[①] 另外，为了分享租金，所在国对矿业公司的利润进行审查的力度也越来越大。

其四，对环境问题的认识和重视程度。采矿业的勘探、生产活动不可避免会对环境造成物质损害，它还将伴随重大污染危害的风险。在过去的三四十年中，环境问题得到了重视，目前已成为矿业项目的必要考虑因素。通常情况下，所在国首先须建立一个政策和行政结构，确定环境义务的总体目标；此后，政府须决定采用何种监管制度，以起草或修订法律、法规或标准或临时协议；最后，政府须决定采用何种方式进行环境监管，以部门或整体的形式进行。在矿产协议或一般立法中查看环境影响评估和环境行动计划目前已成为标准做法。环境影响评估还构成了环境管理合规计划的基础，这在项目实施过程中是强制性的。对于东非六国而言，采矿所引起的环境问题是日益严重且不可忽视的，而糟糕的是环境监管方面的弱势又是显而易见的。大多数发达国家都有完善的环境采矿监管体系，但这类监管体系行政代价极其昂贵，并不适合大部分非洲国家。但这不等于非洲国家在环境监管问题上无可作为，首先可以从矿业活动的环境标准方面入手。东非六国应制定明确的环境标准，以便对任何环境恶化的情况进行适当的评估、监测和补救。从形式上来看，这些标准可以是矿业法的一部分，也可以是矿产协议的一部分；从内容和持续时间上来看，这些标准应该是实用的、现实的，且可以在整个矿山的生命周期和恢复期间始终如一地应用。由此形成的环境标准可对矿业投资者形成明确的可预测性义务，有助于增强投资者的信心和兴趣。而目前在东非六国多次的矿业法修订，矿业活动的环境标准都未能予以明确，对环境问题的关切更多地集中在于项目开始前，项目开始后以及项目结束后的环境问题的监管无法跟上节奏。

---

① Terhemba Ambe－Uva. *Whither the State? Mining Codes and Mineral Resource Governance in Africa*, Canadian Journal of African Studies, 2017, P225－267.

2.2.3 规章条例

二次立法是国内矿业立法的另一主要来源。在矿业的一级立法之下，有广泛的详细法规、部级指导方针和法定文书，用于充实矿业法的许多细节。管理、监督各类矿产许可证的部委或部门通常根据其主要授权，发布法规、规定、通知、保证和指南，这些法规、规定、通知、保证和指南提供了矿产许可证如何遵守其许可证条款的进一步信息。在进行矿业活动时，考虑到它们是根据法律直接或间接授予的权力而制定的法律文书，它们的范围和效力主要取决于一级法令授予的权力。

在2016矿业法颁布后，肯尼亚矿业部于2016年7月26日发布了《投标矿业权授予的规定》《社区发展协议规定》《矿产交易规定》《矿业（雇佣与培训）规定》《工作计划及开采报告指导方针》《矿业投资手册》《采矿许可证（大型与小型）规定》《本土商品与服务的使用规定》《矿产特许权使用费规定》《矿场支持服务规定》《国家参与采矿规定》《国有矿业公司规定》《采矿及矿产相关活动报告规定》《战略矿产规定》。

卢旺达矿业权制度的规章条例渊源有2015年4月24日发布的《采矿和采石许可证的申请、发放和使用的方式》《矿山分类和确定矿山类型的标准》《环境保护的财物保证方式和要求及其在采矿作业中的使用》《打击矿产交易的走私行为的规定》《矿产区域认证机制的规定》《卢旺达购买与销售矿产物质许可证的审批条件规定》《矿石样品出口类型、尺寸限制和方式测定的部长指令》。

南苏丹矿业权制度的规章、条例渊源有《采矿（矿业权）规定》。《采矿（矿业权）规定》由石油和矿业部在2015年3月13日发布，分为前言、一般规定、踏勘许可证、勘探许可证、小型采矿许可证、大型采矿许可证、保留许可证、勘探及采矿协议、矿业权一般规定、许可证状态的改变、财务规定、提交资料及保密规定、矿业权覆盖区域、地籍登记、杂项规定以及各类申请所用表格等十六个部分。

坦桑尼亚矿业权制度的规章、条例渊源有2018年1月10日发布的《矿业权规定》《矿产和精矿交易规定》《本土成分规定》《放射性矿产规定》《选矿规定》《地质调查规定》《记录的审核与检查规定》《坦桑尼亚矿产审计局解散的规定》《地质调查局解散的规定》，以及 2019 年 1 月 2 日发布的《钻石交易规定》《选矿（修改）规定》《米雷拉力控制区规定》《矿物价值增加的指导方针》。

乌干达矿业权制度的规章、条例渊源有 2004 年 11 月 5 日发布的《矿业条例》，2016 年 7 月 1 日发布的《许可证费用规定》、2018 年发布的《采矿和矿物政策》。《矿业条例》对勘探许可证、采矿许可证的申请、许可条件以及各类申请需要用到的表格作出了规定。《许可证费用规定》对各类许可证的申请费、转让费等作出了规定。

2.3　本章小结

东非六国矿业权制度的法律渊源可分为国际法渊源和国内法渊源。国际法渊源上，对于金伯利进程、采掘业透明度倡议，虽然东非六国加入的意愿不一、步调不一，但这些国际条约、国际标准对这些国家的影响从不以他们是否加入而论。不论东非六国是否加入了这些国际条约、参与了这些国际标准，这些国际条约、国际标准都在影响着东非六国矿业权制度对国际最佳做法的认识和吸收。国内法渊源上，受对矿业经济的认识和重视程度、对外国投资的需求程度、对利益分配的考量和对环境问题的认识和重视程度等因素的影响，东非六国矿业权制度所依据的国内矿业法已历经殖民时期的受控时代、独立后的国有化时代和自由化时代，目前正在经历新一波的改革浪潮。国际法渊源和国内法渊源一是赋予了矿业权制度的法律效力，二是影响着矿业权制度的各项内容规定。对于矿业权制度而言，法律渊源是其根基所在。

第3章 东非六国矿业权制度的基本规定

世界上大多数国家，其国内法律大多规定矿产资源属于国家所有。未经政府批准，公司或个人不得开采、销售任何形式的矿物产品。勘探、开采矿产资源的权利通常通过合同安排授予第三方。这些许可证和合同规定了许可证持有人的权利以及其利益的性质、范围和程度。

为了给国民经济开拓新的经济增长点，挖掘本国经济发展的潜力，东非六国纷纷将目光投向了矿产行业，并先后对本国的矿业法进行了修订，改革、出台了一系列的矿产政策，以期推动矿产行业的发展、促进矿业结构的完善。其中，矿业权制度就是这些国家矿业法律、规定的重点。矿业权制度关系到企业进入该国矿产行业的门槛、企业获得许可的难易程度，因此本章研究的重点在于矿业权制度中关于矿业权的界定、矿业权的主体、矿业权人的权利义务、矿业权的期限等方面内容。

3.1 矿业权的界定

3.1.1 矿业权的概念

在有关的研究资料中显示，各国立法中对矿业权概念作出明确规定的并不多。最为明显的是日本和韩国两个国家，在本国的矿业法中不仅提出了矿业权的概念，还对矿业权的含义作出了清晰的规定。[①] 而中国的现行立法，没有在法律层面上明确使用矿业权的概念，矿业权的概念是出现在前国土资源部[②]的规范性文件中，如最早的《矿业权出让转让管理暂行规定》，以及后来的《国土资源部关于进一步规范矿业权出让管理的通知》《矿业权交易规则（试行）》等。虽然部委的规范性文件提出了矿业权这一概念，但也并没有清晰地界定矿业权的含义，只是提出矿业权包含探矿权和采矿权。东非六国矿业法对矿业权的规定也有类似的地方。

肯尼亚的 2016 年《矿业法》第 4 条对矿业权进行了解释，指出矿业权是指勘探许可证、保留许可证、采矿许可证和小型勘探许可证、小型采矿许可证和手工采矿许可证。卢旺达的 2018 年《采矿及采石法》及相关的部委规章制度中均没有使用矿业权的用法，但出现了矿产许可证（mineral license）的提法，第 8 条规定，矿产许可证的类型包括依据矿业法而授予的：勘探许可证、采矿许可证（小型采矿许可证、中型采矿许可证、大型采矿许可证）、矿产交易许可证、矿产加工许可证。南苏丹 2012 年《矿业法》中没有出现矿业权的用法，但在 2015 年发布的《矿业（矿业权）条例》中出现了矿业权（mineral title）的用法，却没有作出任何解释。[③] 坦桑尼亚 2010 年《矿业法》、2018 年的《矿业权条例》中均使用了矿业权[④]（mineral rights）一词，但都没有对矿业权的含义作出解释。乌干达 2003 年《矿业法》、2004 年《矿业条例》使用了矿业权（mineral right）一词，虽然在矿业法中对矿业权这一名词作了解释[⑤]，但却不是关于矿业权的定义。布隆迪的矿业法和有关的部委规章中亦没有出现矿业权的定义。

---

① 李显冬主编.《中国矿业立法理论与实务》，中国政法大学出版社 2015 年版，第 38 页.

② 2018 年 3 月，中国进行了国务院机构改革，其中将国土资源部的职责整合，组建了中华人民共和国自然资源部.

③ 南苏丹 2015 年《矿业（矿业权）条例》第 2 条第 1 款：本条例的目的是为规范《矿业法》所规定的矿业权.

④ 坦桑尼亚 2010 年《矿业法》第 4 条：矿业权（mineral rights）是指本法第 7 条指定的各类许可证.

⑤ 乌干达 2003 年《矿业法》第 2 条："矿业权"（mineral right）是指勘探许可证、采矿许可证、保留许可证、采矿租约或本地许可证.

由东非六国的以上规定可以看出，在东非六国，主要的矿业法律并没有对矿业权作出明确的定义。但综合来看，在东非六国，矿业权是指由国家相关主管机构授予持有人进行勘探或开采矿产资源的权利，主要包括探矿权和采矿权。

虽然东非六国的矿业法没有对矿业权的概念作出明确规定，但其有个共同点，就是都将矿业权与本国的矿产许可证相联系，也即取得了矿产许可证方可享有矿业权，但并不完全对应，例如肯尼亚的矿业法规定了踏勘许可证这一类型，但踏勘许可证却被排除在矿业权范围之外。如此一来，在东非六国，取得矿产许可证便是享有矿业权非常重要的条件。

在东非六国，矿产许可证虽然基本遵循矿业权分类的两分法来相对应，但也有一些细微处的差别。肯尼亚 2016 年《矿业法》将矿产许可证分为大型和小型两类，大型矿产许可证包括踏勘许可证、勘探许可证和采矿许可证，小型矿产许可证包括小型踏勘许可证、小型勘探许可证、小型采矿许可证，除此以外还有手工采矿许可证。布隆迪 2013 年《矿业法》规定了勘探许可证、研究许可证、采矿许可证和手工采矿许可证四类许可证。卢旺达 2018 年《采矿及采石法》规定了勘探许可证、小型采矿许可证、中型采矿许可证、大型采矿许可证、矿产交易许可证、矿产加工许可证和采石许可证七类许可证。南苏丹 2012 年《矿业法》规定了踏勘许可证、勘探许可证、小型采矿许可证、大型采矿许可证、保留许可证、手工采矿许可证。坦桑尼亚 2010 年《矿业法》规定了勘探许可证、宝石勘探许可证、保留许可证①、特别采矿许可证、采矿许可证、初级采矿许可证、加工许可证、冶炼许可证和精炼许可证。乌干达 2003 年《矿业法》规定了踏勘许可证、勘探许可证、保留许可证、采矿租约、本土许可证。②

---

① 也有翻译为保留勘探许可证，见郭磊等.《坦桑尼亚矿业开发与管理体系研究》,《矿产勘查》2014 年第 3 期.

② 关于本土许可证，国内也有研究人员将其翻译成“定点许可”（见周安保，杨伟卫.《乌干达矿产资源及投资环境分析》,《资源环境与工程》2013 年第 3 期）. 此外，关于乌干达矿业权的分类，也有研究人员用“探矿许可证、试开采许可证、保留许可证、矿产租赁、用地许可证”的翻译来表达（见唐尧.《乌干达矿产资源及矿业投资安全分析》,《国土资源情报》2015 年第 10 期）.

3.1.2 矿业权的属性

在东非六国，一般将矿业权定性为财产权。比如，肯尼亚前矿业部在 2016 年发布的《申请许可证的规定》中对矿业权进行了详细的解释，规定矿业权是指授予持有人勘探和/或开采矿产许可的财产权，该财产权可与财产所有权分离，并在书面的许可证中予以证明。在东非六国的实践中，对于矿业权的财产权的性质，其主要关注的焦点在于矿业权与合同的权利义务有什么区别与联系？这种财产权利与土地权利有关系吗？勘探权是否完全不同于生产权？[①]

对于此项财产权，东非六国矿业法律对其规定的最明显特性就是排他性。肯尼亚、南苏丹、坦桑尼亚、乌干达的矿业法都明确规定了勘探许可证、采矿许可证的持有人享有在矿产许可证区域内专属的权利。肯尼亚、南苏丹的矿业法都规定了踏勘许可证这一类型，但其矿业法也都明确地规定，踏勘许可证持有人在许可证区域不享有专属的权利。

此外，对于矿业权的属性，东非六国对矿业权制度的设计更偏重于对矿业权的行政审批与监管。这一点，在东非六国体现极为明显，在矿业权的申请、矿业权的续期、矿业权的转让等矿业权诞生与行使的各个环节，东非六国的主管部门基本上都处于主导地位，缺少了主管部门的同意或授权，其矿业权的取得、转让都无法获得或开展。甚至在坦桑尼亚，因其秉持并深化了矿产资源为全体所有的观念，在《坦桑尼亚自然财富和资源（审查和重新谈判不合理条款）法》的规定下，即使矿业权人已经与主管部门签订矿产协议，但议会仍有权力对矿产协议进行审查并可撤销损害利益的矿产协议，矿产协议作为矿业权所依附的载体变得极不稳定，矿业权的行使受国家机关干预的可能性更大了。

---

① Martin Kwaku Ayisi. *The Legal Character of Mineral Rights under the New Mining Law of Kenya*, Journal of Energy and Natural Resources Law, 2017, 1, P25 –46.

3.2 矿业权的主体

3.2.1 成为矿业权主体的条件

在东非六国，矿业相关法律没有限制矿业权主体的类型，自然人、法人均可以成为矿业权的主体。而对于成为矿业权主体的条件，东非六国的矿业法大致有两种规定方式，一种是以肯定性的条件加以约束，一种是以否定性的条件加以排除，而卢旺达矿业法是没有对获取矿业权的主体身份作出规定的。

采用前一种方式的有肯尼亚和布隆迪。如肯尼亚矿业法规定，能获取矿业权的包括自然人和法人。自然人的话，应是心智健全，年满 18 岁，具备所需的技术能力、专业知识、经验和资金且未被任何法律取消资格（手工采矿者不受此款限制）。法人的话，其应为公司，且在肯尼亚注册成立，未按公司法进行清盘或被法院清盘或在进行清算，公司董事应要求证明其具备所需的技术能力、专业知识、经验和资金。同时，在肯尼亚“成立”，指的是根据公司法的规定在登记的办公地点且在肯尼亚境内运作。①

后一种方式被较多国家所选择，如南苏丹、坦桑尼亚和乌干达，其中坦桑尼亚和乌干达的规定又更具有相似性。南苏丹矿业法规定，矿业权不得授予如下的自然人或法人。自然人的话，未满 18 岁；非南苏丹公民；没有在南苏丹居住满四年或法律规定的其他期限；根据南苏丹或他处的法律，已经破产，或者已被裁定或以其他方式宣告破产；在过去 10 年内，被判犯有任何以不诚实为要件的罪行，或犯下南苏丹矿业法、其他相关或类似法律或南苏丹境外生效的类似成文法规定下的罪行，并被判处监禁，且不得以罚款或超过 500 南苏丹镑或同等数额的罚款来替代；被判犯有洗钱罪，以前在南苏丹境内或境外采矿活动中被判破坏环境罪或南苏丹矿业法规定的任何可判处监禁的罪行。② 法人

---

① 《肯尼亚矿业法》第 11 条.

② 《南苏丹矿业法》第 7 条第 1 款.

的话，尚未在南苏丹建立住所；如属大型采矿许可证，则该公司是根据《公司法》成立，并拟根据该大型采矿许可证经营唯一采矿业务的可作例外；处于清算或司法管理中，除非该清算或司法管理是公司重组或合并计划的一部分；公司的董事或股东中有任何人根据第 7 条第 2 款中的 a、iii、iv、v 和 vi 项被取消了资格；公司的任何董事或持有该公司控股权益的任何股东被判犯有洗钱罪，或在南苏丹境内或境外先前的采矿活动中被判犯有破坏环境或依南苏丹矿业法规定可处以监禁的罪行，或在公司首次申请许可证或以其他方式获得许可证时是负责本法部门的官员或雇员。①

《坦桑尼亚矿业法》规定，矿业权不得授予如下的自然人或法人。自然人的话，未满 18 岁；是未解除破产的破产人，其已依据任何成文法被判定或以其他方式宣告破产，或与其债权人订立协议或和解计划，或为债务人的利益而利用任何法律。② 法人的话，正在进行清算，除非此清算是构成持有人重组或合并计划的一部分；有管辖权的法院已就该法人团体的清盘或解散作出裁决；与债权人达成和解或安排的。③ 此外，初级采矿许可证只能颁发给坦桑尼亚公民，或由坦桑尼亚公民组成的合伙企业，或成员、董事均为坦桑尼亚公民，在坦桑尼亚境内并由坦桑尼亚公民直接或间接控制的公司。④ 宝石采矿许可证一般只颁发给坦桑尼亚公民。⑤

《乌干达矿业法》规定，矿业权不得授予如下的自然人或法人。自然人的话，未满 18 岁；依法被判决或被宣告破产的情形下，成为或即将成为未获解除破产的破产人。法人的话，公司注册地不是在乌干达或者没有按照公司法的规定进行法人组建；正在进行清算，除非此清算是构成持有人重组或合并计划的一部分。⑥

从以上规定可以看出，坦桑尼亚和乌干达法律对于矿业权主体其关注点在

---

① 《南苏丹矿业法》第 7 条第 2 款.

② 《坦桑尼亚矿业法》第 8 条第 1 款 a 项.

③ 《坦桑尼亚矿业法》第 8 条第 1 款 b 项.

④ 《坦桑尼亚矿业法》第 8 条第 2 款.

⑤ 《坦桑尼亚矿业法》第 8 条第 3 款.

⑥ 《乌干达矿业法》第 5 条.

于其经济状况，自然人的话不得是破产状态，法人的话不得是被清算的状态；而南苏丹除了关注其经济状况，还关注其是否犯罪的状况，如有相应的犯罪记录则被排除在外了。

3.2.2 矿业权主体的个别要求

在东非六国，矿业权主体除了遵循以上的一般规定外，一些特殊的矿产许可证还对矿业权主体作出了进一步的要求。比如乌干达的本土许可证，此类许可证适用于小规模的勘探与开采作业，申请人若是自然人，则其只对乌干达公民发放；申请人若是法人，则乌干达公民应对机构持有51%以上股东利益方予以发放。再如肯尼亚和南苏丹的手工采矿许可证，仅对其本国的公民发放。此外，其他的矿产许可证类型没有对主体身份作出其他要求。

3.3 矿业权的取得

在矿业权的初次取得方式上，与西方矿业发达国家所遵循的招标主义不同，东非六国采用的是“申请为主，招标为辅”的原则。此外，对于已经初次从政府部门取得的矿业权，东非六国亦对其流转作出了相应的规定。

3.3.1 矿业权的申请

对于矿业权的申请，基本上东非六国矿业法都对此作出了规定，其区别在于矿业法是否有对申请的原则作出清晰的说明，例如肯尼亚就对申请遵循“先到先得”的原则作了明确规定，“先到先得”是指根据收到申请的先后顺序审议和批准申请的原则，因此，同一个区域上已有矿业权的，亦不再授予矿业权。此外，对于矿业权的申请，应首先征得土地权人或土地实际占有人的同意，如申请的土地涉及野生动物保护、自然环境保护、林业保护等方面问题的，还应征得相应部门负责人的同意。其他国家则是规定了矿业权应以申请的方式提出，而没有明确地指出对于申请的处理原则是什么的，比如卢旺达矿业法规定，申请人想要获得矿产许可证须向主管当局提出申请，申请的具体格式和要求由矿业部发布条例作出规定。[①] 乌干达矿业法对于矿业权的取得方式作了“人们可以依法取得在乌干达进行勘查、留置、开采和出售矿物权利”的简要说明。[②]

具体到矿产许可证的不同类别，其所对应的要求又不一样。

3.3.1.1　踏勘许可证的申请

对于踏勘许可证的申请，肯尼亚、南苏丹和乌干达三国的规定有所差别。乌干达矿业法仅提及应以规定的格式向矿产专员提交申请，对于申请的内容以及应附加什么资料没有作进一步的规定。在肯尼亚，踏勘许可证有大型和小型之分，申请大型踏勘许可证需要提交申请及有关资料，包括踏勘许可证涉及的地区；拟定进行踏勘作业的方案；用于踏勘作业的技术专门知识和财政资源的详细说明；申请人关于采购当地货物和服务建议的计划等。申请小型踏勘许可证则只需要以规定的形式向矿业部长提交申请即可。

南苏丹的规定则相对较为详细、具体，矿业法规定踏勘许可证的申请须以规定的格式及方式呈交矿业地籍办公室，并须：如果申请人是公司，须载有公司的注册名称及注册地，公司注册证书及其组织章程大纲及章程细则的核证副本，其董事的姓名及国籍及每名已发行股本 10% 或以上股份的实益拥有人的姓名；证明申请人符合合格人员认证的票务制度条例中所列的资格；附上申请人在南苏丹及其他地方的踏勘和勘探作业的简介和历史；确定负责监测踏勘方案人员的姓名和资格；附上一份所申请许可证拟定踏勘区域的以规定方式绘制并显示经要求的详情的图则；附上一份列明申请人可用的技术及财政资源详细情况的说明，以及申请前一年的经审计账目的核证副本；附上一份拟定的踏勘计划，其中列明在许可证期限内拟开展的作业，与开展作业有关的设备的详情，以及其负责人员的姓名和详细资料；述明所申请的期限不超过 2 年；详细说明开展踏勘作业可能对拟定踏勘区域内的环境、纪念碑或遗址可能产生的重

① 《卢旺达矿业法》第 10 条.

② 《乌干达矿业法》第 4 条.

大不利影响，减轻影响将采取的措施及其费用估算；提供一份如何在持续的基础上向地方政府、社区告知其需要进入其所管辖范围内的区域进行踏勘作业的情况的说明；附上一份详细说明申请人计划雇佣或签定南苏丹国民作为雇员或承包商的书面计划；说明规定的其他事宜以及可以列明申请人希望矿产发展司司长予以考虑的其他事项。

3.3.1.2 勘探许可证的申请

对于勘探许可证的申请，东非六国一般规定除了以规定的形式提交申请外，还应附上相关的资料并提供缴纳费用的证明，至于应附上的资料则各国有所不同。

肯尼亚的勘探许可证分为大型勘探许可证和小型勘探许可证，大型勘探许可证申请应附上的资料包括：申请许可证所涉及的矿物群；申请许可证所在的地区；拟根据该许可证进行的勘探行动的详细计划；申请人可用于勘探工作的经验和财政资源的详细说明；申请人关于肯尼亚公民就业和培训建议的详细计划；一份申请人关于采购当地货物和服务建议的详细计划。小型勘探许可证应附上的资料包括：申请人的全名、国籍和住址，如属法人团体，须载有公司地址及注册地址；许可证申请所涉及的矿物或矿物群；许可证申请所涉及的区域；拟根据该许可证进行勘探作业的详情；以及申请人进行勘探作业可用的经验和财政资源的详情。

南苏丹、坦桑尼亚、乌干达、布隆迪对于勘探许可证提交的申请应附上的资料主要分为三个方面，一方面是关于申请人的财力和资质等情况，其次是关于申请勘探区域的详细说明和图则，还有就是关于勘探作业开展的支出计划，雇佣本国公民和使用本国商品、服务的计划，环保计划。南苏丹的要求最为详细，不仅有对公司的要求，还有对公司董事、股东的详细要求；环保要求也更为详细，涉及对环境、纪念碑或遗址产生的重大不利影响，为减轻此影响将采取的措施及其费用估算；此外，还有对相关社区产生影响的告知等方式的安排。

3.3.1.3　采矿许可证的申请

通常情况下，采矿许可证的申请要求较为严格，一般包括三方面的资料，一是关于申请人自身的资料，包括证明申请人自身的经验和财力的资料；二是矿产资源的说明以及采矿的可行性报告资料；三是社区发展计划，本土就业和商品服务采购计划等。肯尼亚、坦桑尼亚和乌干达的规定按照大型、小型采矿而有所区别，南苏丹是极为详细具体的，卢旺达、布隆迪的规定则较为简略。具体规定如下：

肯尼亚2016年《矿业法》规定申请采矿许可证应提供以下资料：申请许可证所涉及的矿物或矿物群；申请许可证所在的地区；一份拟定的概述矿物预测和作业计划的采矿作业方案，包括以订明格式进行矿物选矿的选择；一份可行性研究；一份关于申请许可证土地范围内的矿物或矿物群的说明，包括所有已知矿物的详细信息以及可能存在的矿物储量；一份申请人可用于进行拟定采矿作业和遵守许可证要求的财政和技术资源的说明；一份申请人关于肯尼亚公民就业和培训建议的详细计划；一份申请人关于采购本土货物和服务建议的详细计划；向国家环境管理局提交及获得批准的采矿许可证期限内的环境和社会影响评估报告和环境管理计划的证明；一份申请人关于对当地社区的社会责任投资建议的详细计划。对于小型采矿许可证，2016年《矿业法》规定公民可以规定形式并缴纳规定费用向矿业部长申请采矿许可证，此外，小型采矿许可证申请人应向矿业部长提供以下信息：申请人的全名、国籍和住址，如果是法人团体，则应提供其公司地址、董事的名称和国籍及其注册地址；申请许可证所涉及的矿产；申请许可证所在地区的详情；拟根据该许可证进行的采矿作业的详情；进行采矿作业可用的采矿经验和财政资源的详情。

卢旺达2015年《关于矿产许可证和采石许可证的申请、发放和使用的部长命令》规定，申请采矿许可证除了应提交相应表格和投资预算计划外，还应提交已获批准的矿产勘探报告；一份按矿产和采石司提供格式的应用于申请采矿许可证区域的地图；如果申请采矿许可证区域事先进行矿物开采，则应交一份经有资质机构批准的申请采矿许可证地区的环境审核报告；环境影响评价的副本和主管当局颁发的环境影响评价的批准证书；将不可退还的二十万卢旺达法郎申请费存入公共财政部的收据；若申请获得批准，还应交环境保护财务保证金的收据。

南苏丹2012年《矿业法》将采矿许可证分为小型采矿许可证、大型采矿许可证。小型采矿许可证的区域面积不超过一平方公里（根据规定的地籍网格系统进行调整）[1]，大型采矿许可证的区域面积不得超过覆盖地面和（或）地下采矿作业和加工作业合理要求的拟议采矿区域，区域面积最大不超过235个CU（约50平方公里）和最少不小于五个地籍单元，地籍单元由一个由整个地籍单元组成的连续多边形组成。[2] 小型采矿许可证申请应按规定的形式和方式提交给矿业地籍办公室，并附上如下资料：如申请人是公司，须载有公司的注册名称及注册地，公司注册证书及其组织章程大纲及章程细则的核证副本，其董事的姓名及国籍及每名已发行股本10%或以上股份的实益拥有人的姓名；证明申请人及其董事符合《矿业法》第7条第（2）款规定的资格要求；载有申请人在南苏丹和其他地方的勘探作业和采矿作业的简介和历史；确定负责监督采矿作业的矿井经理人的姓名和资格；附上一份所申请许可证拟定小型采矿区域的以规定方式绘制并显示经要求的详情的图则；附上一份列明申请人可用的技术及财政资源详细情况的书面文件，以及申请前一年的经审计账目的核证副本；附上一份载明规定资料的商业计划书；述明所申请的期限不超过10年；详细说明开展小型采矿作业可能对拟定采矿区域内的环境、纪念碑或遗址可能产生的重大不利影响，减轻影响将采取的措施及其费用估算；提供一份如何在持续的基础上向地方政府、社区告知其在其所管辖范围的区域内或附近进行采矿作业的情况的说明；说明规定的其他事宜；可以列明申请人希望部长予以考虑的其他事项。大型采矿许可证的申请应按规定的形式和方式提交给矿业地籍办公室，并须符合以下条件：如申请人是公司，须载有公司的注册名称及注册地，公司注册证书及其组织章程大纲及章程细则的核证副本，其董

① 《南苏丹矿业法》第59条.

② 《南苏丹矿业条例》第43条.

事的姓名及国籍，以及每名已发行股本 10% 或以上股份的实益拥有人的姓名；证明申请人及其董事符合《矿业法》第 7 条第（2）款规定的资格要求；载有申请人在南苏丹和其他地方的勘探作业和采矿作业的简介和历史；确定负责监督采矿作业的矿井经理人的姓名和资格；附上一份所申请许可证拟定小大型采矿区域的以规定方式绘制并显示经要求的详情的图则；附上一份列明申请人可用的技术及财政资源详细情况的书面文件，以及申请前一年的经审计账目的核证副本；附上一份载明可行性研究及规定资料的商业计划书；述明所申请的期限不超过 25 年；详细说明开展大型采矿作业可能对拟定采矿区域内的环境、纪念碑或遗址产生的重大不利影响，为减轻此影响将采取的措施及其费用估算；提供一份如何在持续的基础上向地方政府、社区告知其在其所管辖范围的区域内或附近进行采矿作业的情况的说明；附上具体说明申请人计划雇佣南苏丹国民或与南苏丹国民签约的书面文件；说明规定的其他事宜；可以列明申请人希望部长予以考虑的其他事项。

对于采矿许可证，坦桑尼亚 2010 年《矿业法》规定了特别采矿许可证、采矿许可证和初级采矿许可证三种类型。特别采矿许可证是指资本投资不低于 1 亿美元或同等数额的坦桑尼亚先令的大型采矿作业许可证。采矿许可证是指资本投资在 10 万美元至 1 亿美元之间或等值的坦桑尼亚先令的中型采矿作业许可证；初级采矿许可证是指资本投资少于 10 万美元或同等数额的坦桑尼亚先令的小型采矿作业许可证。[①] 特别采矿许可证的申请须采用规定格式，并须附同规定费用。有资格申请人的申请，须指出相关的勘探许可证或保留许可证（视属何情况而定），并就申请特别采矿许可证的勘探或保留许可证内的区域提供详细描述，和按部长合理要求的方式并显示详情的拟议采矿区域的图则。此外，每项特别采矿许可证的申请，须包括或附有：申请许可证期间的说明；申请人就其所知道的拟议地区矿藏的详细说明，以及所有已证明、估计或推断的矿物的详情，矿石储量及采矿条件；拟定的采矿作业方案，包括资本投资的预测，矿石和矿产品的预计回收率，以及回收的矿石和矿物拟处置方法；根据

① 《坦桑尼亚矿业法》第 4 条.

《土地法》提出的矿区内人员迁移、安置和赔偿的拟议计划；申请人根据《环境管理法》获颁的环境证书；预期基础设施需求的详情；坦桑尼亚现有的货物和服务采购计划；关于坦桑尼亚公民的就业和培训的拟议计划，以及外籍雇员的继任计划（如《就业和劳资关系法》可能要求）；以及部长为处置该申请而合理需要的其他资料。关于采矿许可证，2010 年《矿业法》规定采矿许可证的申请应以规定格式向部长提出，并附同规定费用。此外，采矿许可证申请还应：指明相关的勘探许可证；描述申请许可证区域，此区域不得超过采矿许可证所规定的最大面积，并应附有足够详细的草图计划，以便部长能够查明该区域；描述拟定区域内的矿藏；附上一项可行性研究，该项研究应列明拟定的采矿作业方案，包括申请人建议就任何环境不利影响而采取的措施，矿石的估计回收率及申请人对此的处理和处置建议，申请人对每年出产的矿产数量的估计；述明申请采矿许可证的期限，最长不超过十年；如同特别采矿许可证般，根据《就业和劳资关系法》，附上关于坦桑尼亚人就业和培训以及外籍雇员继任计划的方案；提供申请人可用的财政和技术资源详情的陈述书；提交在坦桑尼亚提供的货物和服务采购计划；部长处理申请所需的进一步信息。初级采矿许可证的申请应采用规定格式，并附同规定费用；以及描述许可证所申请的区域，其应不超过所规定的最大面积。关于初级采矿许可证，2010 年《矿业法》规定任何未根据第 8 条取消资格的人可向区域矿务官员申请授予初级采矿许可证，每个此类申请应采用规定形式并附规定的费用，以及描述许可证所申请的区域，此区域应不超过所规定的最大面积。

乌干达 2003 年《矿业法》规定，申请采矿租约应采用规定的形式，并应附上规定的费用向专员提出，还应：列明其为履行其租约义务可用的财力和技术资源；附上一个完整的可行性研究，包括根据租约所做的地区规划计划；申明租约的有效期；给予或附上一份有关矿藏的详细说明，包括所有已知被证实的矿产，以及可能的矿石储量和开采条件。附上开采的技术报告和申请人建议采用的加工技术报告；给予或附上一份载有详细的拟议开发和采矿作业方案的说明，内容包括预估的生产能力和作业规模、预估的矿石和矿产品总采出量、矿产品的属性；附上一份采矿作业所需商品和服务的报告，所需商品和服务可以在乌干达获得以及申请人有关采购这些商品和服务的建议；附上一份申请人对乌干达公民就业和培训提出建议的详细说明；附上一份关于预计资本投资、运营成本和收入，以及预期财务类型和来源包括年正现金流量以及资本结构的详细的商业计划；列明任何其他事项，其中包括申请人拟专员考虑的或专员要求的；提供其他可能要求的信息。本土许可证申请除应以规定的形式并附同规定的费用向专员提交外，还应：述明申请人的全名，若是合伙或有其他关联人，则应当包括所有这些人的全名和国籍，若是法人团体，则应述明法人公司的注册名及其股东的详情（如果有的话）；指出申请许可证所涉及的矿物种类；须指出申请许可证所涉及的区域；附上一份关于拟进行的采矿作业的性质、申请人有效进行勘探和开采作业可用的资金和经验的详细说明；列明希望专员考虑或专员可能要求的其他任何事项。

3.3.1.4　保留许可证的申请

为了让矿产的开发有更好的时机，以实现矿产的最大商业价值，东非六国的肯尼亚、南苏丹、坦桑尼亚和乌干达四国矿业法规定了保留许可证这一类型，并对保留许可证的申请、审批、期限等作出了规定。

在保留许可证的申请上，肯尼亚、南苏丹、坦桑尼亚、乌干达的规定较为一致，主要应提交如下资料：申请所涉及的矿物或矿藏；由独立专家所作的关于以下方面的研究和评估——开采的前景，矿藏的商业意义，导致不能立即开发矿藏的不利市场条件、经济因素、技术限制或其他因素；申请所涉及的区域；在许可证下开展拟定勘探作业的详情；由于相关不利的市场条件、经济因素、技术限制或其他因素导致不能够开发矿物时，申请人关于开发矿物可用的经验和财政资源的细节。肯尼亚还要求申请人提交关于肯尼亚公民就业和培训的建议的计划和申请人关于采购本土货物和服务的建议的计划。而坦桑尼亚和乌干达对保留许可证没有本土就业和商品服务的要求，但却有消除或减少不良影响的计划要求。

3.3.1.5　手工采矿许可证的申请

东非六国中仅有南苏丹和肯尼亚的矿业法对手工采矿许可证作出了规定。

南苏丹矿业法中，“手工采矿”是指使用传统或习惯方式和手段而进行的传统和习惯采矿作业。[①] 肯尼亚矿业法中对“手工采矿”的定义与南苏丹矿业法的完全一致。

肯尼亚矿业法规定，手工采矿许可证仅颁发给已成年且已加入手工采矿合作社或协会的肯尼亚公民，而且在同一块土地上已授予其他矿业权许可证的，不得再授予手工采矿许可证。申请人应以规定的方式向矿务局在当地的代表递交申请，申请应包括：申请人的姓名、国籍和住址；合作社、协会或团体的名称、登记地址和登记的办公地址；申请许可证涉及的矿产；想要申请许可证的区域描述；已经得到土地所有人的同意，且该土地未被指定为手工采矿或小型采矿区域。[②]

南苏丹矿业法规定，手工采矿许可证仅颁发给已成年的南苏丹公民。意欲从事手工采矿活动的南苏丹公民应向有关当局递交完整的申请，申请书应明确申请的矿物及范围，申请许可证的地区须完全在各州当局的管辖界限内，并且仅涉及或影响由相关州当局直接合法管理的财产。此外，申请还应附上如下内容：(1) 其姓名和正式住址；(2) 标注如下内容的地图：由坐标定义的申请许可证区域；在该区域内或距离其边界一公里内的所有现有建筑物、基础设施、农业活动或其他重大人为改进或地表特征的位置；申请人拟进入该地区的路线；已划分或将划分区域的地块边界（如有）；(3) 各有关州当局规定的相关地籍文件；(4) 根据适用法律的要求，从其他公共机构获得批准的完整申请；(5) 申请人与对意欲进行手工采矿作业涉及的地表区域拥有合法登记的不动产权利的所有第三方签订的地表权利协议，其持续时间不少于拟定的手工采矿许可证的持续时间，或在合理的期间内，该第三方拒绝或未能订立该协议的证据；(6) 申请人预计在指定区域进行的手工采矿方案，该方案应包括许可证涉及的矿物的最新资源估计，矿山的预期寿命估计，以及相关州当局可能合理要求的其他数据和报告，还有明确允许使用此场地的人员的最大数量；

---

① 《南苏丹矿业法》第 5 条.

② 《肯尼亚矿业法》第 95 条.

（7）环境影响评估和环境法要求的与手工采矿计划有关的所有文件，在每种情况下由合格、有经验的专家编制；（8）矿场关闭计划和由具有相应资质和经验的专家编制的恢复方案。（9）各州当局可能合理要求的其他文件或信息。①

3.3.2　矿业权的招标

对于矿业权的招标方式，肯尼亚、卢旺达和坦桑尼亚矿业法作出了规定，布隆迪、南苏丹和乌干达矿业法没有对此作出规定。其中肯尼亚矿业法规定对矿业权的招标作出了原则性的规定：矿业部长对于指定区域的大型作业可邀请各方进行投标。2016 年的《矿业（通过招标授予矿业权）条例》则对可以指定的区域、投标的程序、评标的程序作了详细的规定。指定的区域一般应具有很高的矿产勘探潜力或存在具有经济意义的矿床，并且按授予采矿权的先到先得原则并不最符合肯尼亚的发展利益，此时矿业部长可根据矿业权委员会的建议将此区域指定为矿业权的招标区域。投标的程序与其他项目的投标没有太大区别，而评标中值得注意的是对于投标方的打分分为技术建议分和财务建议分，分别占比 80% 和 20%，以此两项得分的总分来选取中标者。此外，如果公开招标未能收到投标，或者投标均不符合标准，则矿业部长可在矿业权委员会的建议下与相关企业进行直接谈判，并最终授予矿业权。

卢旺达矿业法规定，对潜在矿区的矿产进行勘探或开采，有关主管当局可以要求招标，招标的方式和要求由主管当局颁布法规确定。② 而潜在的矿区，是指可予以经济开采的、特定的、已测量好的矿产资源的一部分。③

坦桑尼亚矿业法规定，凡部长认为这样做符合公众利益，他可借宪报或本地报章的公告，指定任何空置区（已构成保留区一部分的空置区除外）作为他为如下矿业权进行投标邀请的地区：一个或多个勘探许可证；一个或多个采矿许可证；一个或多个特别采矿许可证。应注意的是，勘探许可证或其部分的

---

① 《南苏丹矿业法》第 75 条.

② 《卢旺达矿业法》第 11 条.

③ 《卢旺达矿业法》第 2 条.

范围，如已由其持有人按照矿业法的规定期限届满或放弃，则将在届满或放弃日期起四个月内，被矿业部长当作可指定作为招标的范围。①

相比较而言，肯尼亚的规定最为详细、具体，卢旺达和坦桑尼亚关于招标的规定有重大的区别，卢旺达的招标针对的是潜在的矿区，而坦桑尼亚则是以公众利益为出发点，对矿区的潜在价值没有作太多的要求。

3.4 矿业权的内容

3.4.1 矿业权人的权利

矿业权人的权利，是指矿业权人根据法律规定为实现自己的矿业权及相关权益的可依法行使并受法律保护的权利。在东非六国，矿业法根据不同的矿产许可证类别对矿业权人的权利作出了不同的规定。值得注意的是，手工采矿许可证虽然在肯尼亚和南苏丹是矿产许可证的一种类型，但其矿业法并没有对手工采矿许可证持有人的权利作出规定。

3.4.1.1 踏勘许可证持有人的权利

一般而言，踏勘许可证持有人的权利规定有两方面，一是踏勘许可证持有人权利的非排他性，规定踏勘许可证持有人享有的是非专属性权利；二是按规踏勘的权利，包括进入踏勘许可证区域，建立设备、营地、厂房等，以及带走限制数额的矿物样品。肯尼亚、南苏丹、乌干达的规定基本一致，具体规定如下：

按照肯尼亚矿业法规定，踏勘许可证持有人享有非排他性的权利，可在许可证所涵盖区域内进行踏勘，包括：进入或飞越踏勘区进行经批准的踏勘作业；在不超过踏勘所需合理限度的范围内，从踏勘区内采集和带走样品和样本；从湖泊或水道中采集木材和水用于踏勘作业；建立实施踏勘作业所必需的

① 《坦桑尼亚矿业法》第15条.

设备、厂房和建筑物；在踏勘行动结束时或之前，移走许可证持有人可能在牌照区内竖立的任何营地、临时建筑物或装置。①

南苏丹矿业法规定，踏勘许可证授予其持有人在踏勘区内的非专属性权利，包括：寻求方法并进入该区域进行踏勘；依据应适用法律，跨越该地区进行踏勘；以规定的方式执行核准的踏勘计划；在矿产开发局局长事先书面许可的情况下，拿走、取走不超过踏勘合理需要限度的样品和样本，并分析所述样品；建造营地和临时建筑物，包括在构成该许可证区域的水域内建造设施，但根据本款建造任何营地或建筑物，不得解释为授予该土地的任何权利、所有权或权益。②

乌干达矿业法规定，踏勘许可证持有人在其许可证规定的区域范围内享有的是非专属的踏勘权利，踏勘许可证持有人可在符合矿业法规定和许可证条件（如有）的情况下，亲自或由其雇员或代理人进入任何不排除踏勘的区域，并建造营地及临时建筑物，以及作出其他可能有助于行使该项权利的行为或事情；但此类营地及建筑物的建造及作出任何此类的其他作为或事情，不得解释为授予该区域所涵盖土地上的任何权利、所有权或权益。③

3.4.1.2　勘探许可证持有人的权利

勘探许可证持有人的权利一般包括两个方面，一是按规勘探的权利，包括进入许可证区域，建立必要的设备、厂房等，二是可就勘探区域优先申请采矿许可证的权利。肯尼亚、南苏丹、乌干达的矿业法仅规定了前一方面的权利，卢旺达规定了就勘探区域的申请采矿许可证优先权，坦桑尼亚规定了宝石勘探许可证的可处理宝石权。具体规定如下：

肯尼亚矿业法规定，勘探许可证持有人在其许可的区域内进行勘探作业享有排他性的权利，包括：划定许可证范围内的区域；进入许可证所指明的土地范围，并在土地表面或其下面采取一切合理措施以进行探矿作业；建立必要的

① 《肯尼亚矿业法》第65条.
② 《南苏丹矿业法》第37、38条.
③ 《乌干达矿业法》第23条.

设备、厂房和建筑物以进行勘探作业。此外，如果土地权利发生变化，除非新的土地权利持有人给予充分补偿，许可证持有人是应在许可证区域内保留勘探权的。①

卢旺达矿业法规定，勘探许可证持有人有权：在许可证的范围内勘探矿物；钻孔并进行必要的挖掘；从勘探许可证区内采集矿物样品，进行分析和估价，但其数量不得超过主管机关规定的限度；建造必要的建筑物；在勘探许可证区域内发现矿藏时，如已符合采矿许可证申请的条件，可就勘探许可证区域内的任何部分获得申请采矿许可证的优先权。此外，有意进行采矿作业的勘探许可证持有人可在勘探许可证到期前九十天内向主管当局申请授权。在是否批准采矿许可证的决定通知之前，许可证持有人有权继续进行勘探作业，直至作出决定并通知申请人。如果申请被拒绝，则许可证持有人将会给予九十天的通知期以停止其作业。②

南苏丹矿业法规定，勘探许可证持有人享有如下权利：对有关矿产进行独家勘探，并为实现这一目标开展必要的工作；寻求方法并进入土地；持续向地方政府、社区通报需要进入其管辖范围内土地的勘探作业；在矿物开发局局长事先书面许可的情况下，拿走、取走不超过勘探作业合理要求的限度的样品和样本；在获得矿物开发局局长事先书面许可的情况下，对不超过确定采矿潜力合理要求的限度的矿产资源进行批量取样和试加工；与地方当局协商，占用土地、修建勘探作业所需的临时设施、营地或构筑物；根据适用的法律，建设临时通道；沉井、钻孔、挖井、挖沟；转让勘探许可证的相关权利。③ 勘探许可证持有人还可以进行航空测量、钻探。此外，勘探许可证持有人可以在勘探许可证到期前的九十天内就勘探区域内的任何矿产资源申请小规模采矿许可证或大型采矿许可证。④

坦桑尼亚矿业法规定，勘探许可证持有人在其许可证规定的范围内进行勘

---

① 《肯尼亚矿业法》第75条.

② 《卢旺达矿业法》第23条.

③ 《南苏丹矿业法》第47条.

④ 《南苏丹矿业法》第50条.

探作业享有专属的权利：可亲自或由其雇员或代理人进入探矿区，并在构成探矿区一部分的任何水域内建造营地和临时建筑物，以及可安装设备；宝石勘探许可证的持有人，在依据许可证进行勘探作业中收回宝石，可将此宝石出售给有经营许可证的交易商，并须在出售后立即将有关详情呈交给专员，包括交易商的名称和营业地址、宝石的描述、重量和买方就出售价格而出具的收据副本。①

乌干达矿业法规定，勘探许可证持有人享有对许可证范围内的土地和矿产进行勘探作业的专属权利，勘探许可证持有人可在符合本法、规章和许可证条件的规定下，亲自或由其雇员或代理人进入勘探区，建造营地和临时建筑物，包括在勘探区域内的任何水域安装设备，但建造的营地或建筑物不得解释为授予其在勘探区的所有权或任何权益。②

3.4.1.3 采矿许可证持有人的权利

一般而言，采矿许可证持有人的权利规定包括三个方面，一是权利的排他性，规定采矿许可证持有人的专属性权利；二是合规的开采作业，包括进入许可证范围内的采矿区域，建立厂房、设备，倾倒、堆放矿物等；三是开采矿物的处理，包括运输、加工、精炼、销售等。具体的规定如下：

肯尼亚矿业法规定，采矿许可证持有人就许可证所指明的矿物或矿藏享有进行采矿作业的专有权利，包括：进入许可证所指明的区域范围，并在该土地表面上或地下采取一切合理措施以进行采矿作业；建立挖掘特定矿物所需的设备、厂房和建筑物，以及运输、修整或处理如此回收的矿物；支付所需的费用和特许权使用费后，可处置收回的矿石。③

卢旺达矿业法规定，采矿许可证持有人有如下权利：在其许可证范围内开采矿物，加工、熔化、精炼和运输其许可证区域范围内的矿物或矿产品；在其采矿区域内设立设备、工厂、机器和建筑物；销售在采矿许可证区域内收回的

---

① 《坦桑尼亚矿业法》第 35 条.

② 《乌干达矿业法》第 31 条.

③ 《肯尼亚矿业法》第 108 条.

矿产品。此外，采矿许可证持有人在发现其许可证未涵盖的矿物时，可在九十天内向主管当局申请将此矿物添加至其许可证范围内。同时，采矿许可证持有人可以向主管当局申请对采矿计划进行修改。①

南苏丹矿业法规定，小型采矿许可证持有人有权进行如下规定的小型采矿作业，包括：不超过以下生产限额——从主要冲积矿床中提取矿产资源，年产量为 75000 立方米，或者露天开采主要从非冲积矿床中开采矿产资源，每年产生的矿砂废料和覆盖层的总量为 100000 立方米；没有地下工作；不使用爆炸物或使用有毒的化学品或试剂的采矿作业方法；在工作日内不雇用或使用超过 25 名工人。此外，小型采矿许可证持有人有权按法律规定的方式和形式优先申请大型采矿许可证。② 对于大型采矿许可证持有人所享有的权利，南苏丹矿业法并没有作出相应规定。

坦桑尼亚矿业法规定，特别采矿许可证持有人在其许可证规定的区域范围内享有开采矿物的专属权利，其自身及其雇员和代理人可以进入采矿区域，并在地表上或地表下采取一切合理措施，以便利和开展采矿作业；为采矿、运输、选矿或处理在采矿作业中收回的矿物而建造必要的设备、厂房和建筑物；在依照本法和条例支付特许权使用费的前提下，处置收回的任何矿物产品；按其环境管理计划和条例规定的方式堆放或倾倒矿物或废物；并可在矿区内勘探许可证所指明的矿物。③ 采矿许可证持有人在其许可证规定的区域范围内享有开采矿物的专属权利，其自身及其雇员和代理人可以进入采矿区域，并在地表上或地表下采取一切合理措施，以便利和开展采矿作业；为采矿、运输、选矿或处理在采矿作业中收回的矿物而建造必要的设备、厂房和建筑物；在依照本法和条例支付特许权使用费的前提下，处置收回的任何矿物产品；按其环境管理计划和条例规定的方式堆放或倾倒矿物或废物；并可在矿区内勘探除宝石以外的所有矿物。④ 初级采矿许可证持有人在符合矿业法及相关安全及环境保护

① 《卢旺达矿业法》第 25 条.
② 《南苏丹矿业法》第 60 条.
③ 《坦桑尼亚矿业法》第 46 条.
④ 《坦桑尼亚矿业法》第 51 条.

条例的规定下，在矿区内享有进行探矿及采矿作业的专有权利，包括：进入矿区，在地表或地表下采取一切合理措施进行采矿作业；为采矿、运输、选矿或处理其在采矿作业中收回的矿物而建造必要的设备、厂房和建筑物；根据矿业法和条例支付特许权使用费后，处置收回的矿物；按适用法规规定堆放或倾倒矿物或废弃物；在矿区进行勘探作业。①

乌干达矿业法规定，采矿租约持有人拥有在其矿区进行勘探及开采作业的专属权利，包括：进入到租约区域，其自身或其雇员、代理人、承包商可以在其矿区的地表或地下采取一切合理的措施开采、加工租约项下的矿产；为开采、运输、选矿、处理、冶炼和精炼其在采矿作业中收回的矿物或矿产品而建立必要的设备、厂房、机械和建筑物；处理收回的矿产品；按照规定的采矿业惯例堆放或倾倒矿物或废弃物。②

3.4.1.4　保留许可证持有人的权利

肯尼亚矿业法规定，保留许可证持有人享有如下专有权利：在保留区域内进行勘探作业；并就保留区域的全部或部分申请采矿许可证。同时，保留许可证持有人在行使前面的权利时，还可以：划定属于该许可证范围内的范围；进入该许可证所指明的土地范围，并在该土地表面或地下采取一切合理措施进行勘探作业；并建立进行勘探作业所需的设备、厂房和建筑物。③ 南苏丹矿业法规定，保留许可证持有人在保留许可证有效期内，有权就许可证区域内的有关矿产资源申请采矿许可证。及时提出申请的，适用矿业法有关发放采矿许可证的规定，如同保留许可证持有人是该地区的勘探许可证持有人一样。乌干达矿业法规定，保留许可证持有人享有申请保留许可证覆盖区域的采矿租约的专属权。

---

① 《坦桑尼亚矿业法》第55条.

② 《乌干达矿业法》第49条.

③ 《肯尼亚矿业法》第88条.

3.4.2 矿业权人的义务

矿业权人的义务，是指为保证矿业权的恰当行使而依据法律规定，加诸矿业权人的法律负担。矿业权人的义务，关系到矿业权的恰当行使，东非六国根据矿产许可证的类型都对此作出了较为明确、完整的规定。

3.4.2.1 踏勘许可证持有人的义务

一般而言，踏勘许可证持有人的义务涉及四个方面，一是踏勘作业的按规进行，如时间、使用的技术、使用技术的方式、区域等规定；二是报告义务，包括踏勘作业的持续报告和发现矿物的报告；三是禁止义务，禁止进入踏勘区域以外的地区，禁止将踏勘作业所得的矿物处理或带离所在国；四是善后的义务，须将进行踏勘作业时树立的仪器、设备等在规定时间内移除出许可证所涵盖的区域。

在肯尼亚，踏勘作业而得的矿物其所有权归属于肯尼亚政府，未经矿业部长的书面同意，不得擅自处理或带离肯尼亚。同时，踏勘许可证持有人的义务还包括：在许可证颁发后三个月内开始踏勘；按已批准的踏勘作业方案进行踏勘；按照踏勘方案进行踏勘的费用支出，不得少于踏勘许可证规定的数额；不得使用钻探、开挖或者其他地下勘探技术；就需要实际进入其管辖范围内的土地的踏勘作业，持续地向国家和县政府当局和社区进行通报和咨询；不得进入未取得踏勘许可证的土地；赔偿土地使用者因在许可证区内进行踏勘作业而造成的土地和财产损失；不得从踏勘中移除任何矿物，除非对此类矿物进行分析、估价或测试；确保核准的方案或踏勘作业中详细列明的工作量和支出额在计划规定的期限内、在进行踏勘作业的过程中有实际支出，并按相关条例的规定进行报告；若发现有潜在商业用途的矿床，应立即通知矿业部长，不得无故拖延；将考古发现通知矿业部长；遵守许可证的条件以及矿业部长或授权官员根据矿业法发布的指示；向矿业部长提交地质和财务报告以及规定的与踏勘作业有关的其他资料；根据国际良好实践标准和可能规定的指南进行踏勘；在踏勘许可证有效期届满后六十天内，将持有人所竖立或安装的营地、临时建筑物或机械移走，并修理或以其他方式修复因移走而对地面造成的损坏，直至矿业部长或其授权的人员满意为止。[①] 此外，踏勘许可证持有人还应在注册的办公地址对踏勘作业进行完整、准确的记录。[②]

南苏丹矿业法规定踏勘许可证持有人的义务包括：在踏勘区内根据核准的踏勘计划进行踏勘；按照核定的踏勘方案开始实地踏勘；向授权的人员提交要求的地质样本、资料及定期报告；不使用钻井、挖沟、挖掘或其他地下技术；持续向当地政府、社区通报和咨询需要实际进入其管辖范围内土地的踏勘作业；赔偿土地所有者和用户因在踏勘区域内的踏勘而对土地和财产造成的损害；根据环境法和标准，维护并恢复踏勘许可证范围内的土地，使其处于安全状态。[③]

乌干达矿业法规定踏勘许可证持有人的义务有：依据其许可证开展踏勘作业；按季度或在其他规定时间向专员提交地质报告、财务报告及其他规定资料；发现矿产向专员报告；在许可证有效期届满之时或之前，拆除其搭建的营地、临时建筑物或装置，并还原或修复造成的地表破坏，直至专员满意为止。[④] 此外，在根据踏勘许可证进行踏勘的过程中取得的矿物，是为政府的财产，除为取样、化验、分析或其他检验而需要的合理数量外，未经矿产专员书面同意，不得由许可证持有人或其他人处置。若踏勘许可证持有人意欲保留或处置在踏勘过程中取得的矿物，其应向矿产专员提出书面申请，说明相关矿物的种类及数量，以及取得该矿物的土地的情况；若矿产专员相信申请人有合理的需要去测试所踏勘土地的含矿质，专员可书面授权申请人保留此矿物；或者，专员可授权申请人在缴纳规定的特许权使用费后处置此矿物。[⑤]

3.4.2.2　勘探许可证持有人的义务

勘探许可证持有人的义务通常包括两个方面，一是勘探作业合规的义务，

---

① 《肯尼亚矿业法》第67条.
② 《肯尼亚矿业法》第69条.
③ 《南苏丹矿业法》第39条.
④ 《乌干达矿业法》第24条.
⑤ 《乌干达矿业法》第25条.

包括作业开始的时间、方式、环境保护的要求等；二是报告义务，包括矿物、考古等发现的报告以及日常作业的记录按时报告。卢旺达、南苏丹和乌干达除了以上两方面的义务外，还规定了善后义务，要求勘探许可证持有人应将勘探区域内的设备、仪器等移除以及恢复当地的地表状态。具体的规定如下：

肯尼亚勘探许可证持有人的义务包括：在勘探许可证批准后的3个月内或经批准的勘探作业计划所指明的期间内开始勘探作业；按照批准的勘探作业方案开展勘探作业；确保核准的勘探作业方案中规定的工作量和支出在规定的期限内实际用于开展勘探作业；遵守环境修复、环境恢复计划的条款和条件；如发现具有潜在商业价值的矿床（包括许可证持有人无权勘探的矿床），应立即通知矿业部长；如有考古发现，应通知矿业部长；遵守许可证或现有和适用的矿产协议的条件，以及矿业部长或授权官员根据本法发布的指示；向矿业部长提交地质和财务报告以及与勘探作业有关的其他资料，可按季度或矿业部长确定的其他时间提交；按可能规定的国际最佳做法标准和准则开展勘探活动。①此外，勘探许可证持有人还应在注册的办公地址对勘探作业进行完整、准确的记录；对于勘探计划的更改，也须经得矿业部长的书面同意。②

卢旺达勘探许可证持有人的义务是：在勘探许可证颁发之日起九十日内开始勘探作业；每六个月向主管机关提交一份按已批准的矿产勘探计划进行的勘探作业的进度报告；按许可证附带的条款和条件培训员工；在发现勘探许可证范围外的矿床时立即通知主管机关；在持有人于卢旺达的地址保存勘探作业记录，记录应包含以下内容：钻孔、穿透的地层并作这些地层的详细记录，发现的矿产，地质化学和地质物理分析的所有结果；从勘探区收集的矿物的鉴定和分析结果，第一项和第五项的地质解释；按经批准的矿产勘探年度计划进行的支出详情；每年不迟于许可证颁发之日后的九十天，向主管机关提交经审计的拟定勘探作业支出报表；持有人对经批准的矿产勘探计划如有修改，应通知主管机关，主管机关应自收到修改方案之日起六十天内核准或否决该方案；发现

① 《肯尼亚矿业法》第77条.

② 《肯尼亚矿业法》第89、90条.

历史物品或任何其他重要物品时，在三十天内通知并向有关机关提交该物品；在许可证到期或终止后九十天内移除临时建筑物或其他设施；回填在勘探作业过程中导致的钻孔，或以其他方式确保其安全。① 此外，勘探许可证持有人还应遵守环境保护、健康和安全等方面的规定。

南苏丹勘探许可证持有人的义务如下：按照批准的勘探计划，在勘探许可证范围内进行勘探作业；在勘探许可证颁发之日起九十天内开始勘探区域的勘探作业；遵守经批准的工作方案中的年度工作计划支出要求和土地面积放弃要求；勘探许可证持有人须在许可证每年终结后的三个月内，向地质调查局长提交一份经审计的因许可证而直接产生的开支报表，此报表还应包含根据前款须予以使用却没有如此使用的款项，此款项应是政府在有管辖权的法院可追讨的债务；在勘探许可证持有人提出申请后，矿业部长可根据前款退还全部或部分现金付款，如许可证持有人能令矿物部长确信，在出现支出不足的一年或数年内，许可证持有人已完成所需工作，或为完成所需工作而发生的支出，其价值超过下一年或数年适用的按规定的所需工作的最低价值，且所需工作不存在任何支出不足或减少的不足；向指定的被授权人员提交指定的地质样本、资料及定期报告；持续地向地方政府、社区通报并协商需要实际进入其管辖范围内土地的勘探作业；赔偿土地所有者和使用者在勘探区因勘探作业对土地和财产造成的损害；保持和恢复土地和环境，使其免受勘探作业造成的任何损害，包括但不限于填补由许可证持有人建造的竖井、洞或沟渠，根据环境法和相关标准恢复土地以使其安全；放弃一些区域，此区域是政府为了公共目的需要，但不是与矿物开采相关的需要；未经与当地社区和当局协商并经得有关主管的书面同意，并作相应的赔偿后，不得从任何水道引水；如果打算在国家政府、州政府或地方政府占有的土地上进行勘探作业，或根据习惯法受其他占用权约束的土地上进行勘探作业，在进行勘探作业之前，应通知该土地的承租人或占用人。此外，经核准的勘探计划若要修改，需经得矿业部长的批准、同意。

---

① 《卢旺达矿业法》第24条.

坦桑尼亚勘探许可证持有人的义务包括：在许可证颁发之日起或许可证中说明的其他日期之日起，三个月内或颁发许可证所容许的较长期间内，开始勘探作业；发现有潜在商业价值的矿床时通知颁发许可证当局；遵守勘探许可证所附的勘探计划；支出不少于勘探许可证中的规定。①

乌干达勘探许可证持有人的义务有：自许可证颁发之日起四个月内开始勘探作业；按规定的方式划定和保持勘探区域的界线；按已批准的勘探作业方案开展勘探作业；发现许可证规定范围以外的矿物，应在发现矿物后三十天内通知矿产专员；除非矿产专员另有规定，在勘探许可证届满后六十天内，移走其所建造或安装的任何营地、临时建筑物或机械，并修复或以其他方式复原因移走及其他活动而对土地表面造成的损害，直至矿产专员满意；遵照勘探许可证的规定，勘探作业的支出不少于勘探方案中规定的数额；根据许可证所附的、已核准的提案，雇用和培训乌干达公民；在乌干达保存一个地址，该地址应在矿产专员处登记，所有通信和通知将送达至此地址；勘探许可证持有人须在前款所述的地址备存令矿产专员满意的完整及准确的勘探作业记录，记录内容包括：钻孔、详细记录的穿透的地层、发现的矿产、地质化学或地质物理分析结果、基于上述目的而取走的样品的分析和鉴定结果、相关记录的地质解释、雇佣人数及详情、许可证允许下的其他任何作业。②

3.4.2.3 采矿许可证持有人的义务

采矿许可证持有人的义务通常包括两个方面，一是采矿合规义务，包括采矿作业开始的时间、环境保护要求的遵守、社区发展协议的签订等；二是报告记录的义务，包括日常采矿作业应保持记录并按期上报，发现许可证外的矿物上报等。对于东非六国而言，采矿许可证的义务大同小异，差别在于环境保护的程度要求，以及是否要求签订社区发展协议、本土就业和商品服务采购协议。对于社区发展协议和本土就业和商品服务采购要求，肯尼亚和坦桑尼亚都

① 《坦桑尼亚矿业法》第36条.

② 《乌干达矿业法》第32条.

作出了具体规定。详细规定如下：

肯尼亚采矿许可证持有人的义务有：在获得许可证后六个月内开始采矿作业，或开始在核准的采矿作业方案或任何有关矿物协议中规定的采矿作业；按照核准的采矿作业方案进行采矿作业；遵守经批准的因依采矿许可证而开展的采矿作业而作的环境影响评估许可证，社会遗产评估和环境管理计划的条款及条件；以规定的方式划定矿区范围；遵守许可证的条件，遵守适用的矿物协议以及矿业部长或授权人员根据本法颁布的任何指示；向矿业部长提交最新的矿山开发和矿产生产的季度报表；按照许可证规定的方式或其他规定的方式，并顾及良好的采矿业习惯，堆放或倾倒任何矿物或废物；按照国际最佳做法和规定的准则进行勘探和采矿活动；与社区签订社区发展协议，按照条例中规定的方式进行采矿作业。① 此外，采矿许可证持有人须在登记办事处备存规定格式的采矿作业的完整、准确的记录；核准后的采矿作业方案如有修订应通知矿业部长；发现与许可证无关的任何矿物，应在发现后三十天内通知矿业部长；如有停止或暂停采矿作业，或减少采矿生产，应向矿业部长发出通知。② 大型采矿许可证持有人除了承担与小型许可证持有人相同的义务外，还应与所在社区签订发展协议，以促进社区福利和居民生活质量的提高。③

卢旺达采矿许可证持有人的义务包括：按主管机关批准的矿山开发计划和有关机构批准的环境管理计划，开发和开采许可证范围内的矿床；自许可证颁发之日起 180 天内开始采矿作业；在采矿许可证区域周围安装信标；保持其在卢旺达的记录，包括：以主管机关规定的形式记录其完整的作业技术，地质报告的副本（其中应包括地质报告的解释、矿物分析、航空照片、岩芯日志、分析和测试结果以及与持证人采矿许可证区域有关的所有其他可用数据），有关采矿作业的数据、数字的准确、系统的财务记录，以及相关法律要求的其他账簿和财务记录；允许被授权的官员检查前项规定的所有账簿和记录；每六个月及在主管机关要求的其他时间，向主管机关提交前类账簿和记录的副本；在

---

① 《肯尼亚矿业法》第 109 条.

② 《肯尼亚矿业法》第 110、111、112、113 条.

③ 《南苏丹矿业法》第 67、68 条.

每个财政年度结束后九十天内，向主管机关提供一份显示该年度损益的年度财务报告副本；若许可证持有人意欲永久停止采矿作业，应提前一年通知主管机关，如其意欲暂时停止采矿作业，则应提前六个月通知，若其意欲削减采矿作业的水平，则应提前三个月通知；按主管机关的条例规定储存和管理尾矿；为许可证许可范围内的矿山采矿作业造成的土地和其他财产损失提供公平补偿；以健康和环境主管机构允许的方法并按照采矿标准清除矿物中的废弃物；在采矿作业中发现任何历史性的或其他重要物品，应在三十天内通知有关机关并提交该物品；发现采矿许可证未涵盖的其他类型的矿物，许可证持有人亦应立即通知主管机关。①

南苏丹小型采矿许可证持有人的义务有：如果采矿许可证区域是按照批准的计划进行矿物加工作业的，则开始矿山开发或加工厂作业；不迟于核准计划中时间的开始生产；在矿产品开采开始后，按规定保持持续的商业生产；保存真实且足够的账簿，以记录许可证区域内进行的采矿作业及其他业务，以及所获矿物产品的出售或其他处置；并应在被授权的人员要求时出示该类账簿；按规定提交地质矿产样品、资料和定期报告；根据有关健康和安全的所有适用法律，保持许可证区域和采矿作业的安全标准，并遵守法规规定的其他健康和安全要求；遵守本法和其他适用法律对保护环境和管理污染的评估、计划或方案的所有要求；遵守已核准的修复和矿山关闭计划，并按规定更新；未经部长的书面授权，不得开采放射性矿物；保持、更新和提交规定的采矿作业计划；在不过度干扰采矿作业的情况下，允许教育机构和政府机构按照矿业法的规定进行科学调查；在矿物开发局长认为不会干扰采矿作业时，允许通过许可证区域毗邻土地；允许在许可证区域内建造和使用矿物开发局长认为不会干扰采矿作业的水道、运河、管道、下水道、排水沟、电线、输电线路、公共道路和公用设施；补偿土地使用者因采矿作业造成的土地和财产损失；按照规定标记和维护许可证区域的边界。②

---

① 《卢旺达矿业法》第26条.

② 《南苏丹矿业法》第61条.

坦桑尼亚特别采矿许可证持有人的义务包括：根据采矿作业计划和环境管理计划开发矿区并进行采矿作业，并根据采矿作业计划开始生产；按照其在特别采矿许可证附件中的建议，雇用和培训坦桑尼亚公民，并实施外籍雇员继任计划；以规定的方式划定和保持矿区范围；按有关规定的方式，编制和更新矿山关闭计划，以便在采矿作业结束时确保矿区的安全；根据《土地法》实施已拟定的矿区内人员搬迁、安置和补偿金支付计划。① 采矿许可证持有人的义务包括：开发矿区，并严格按照其采矿作业计划进行采矿作业；按规定的方式划定和保持矿区范围；根据《环境管理法》采取一切适当的环境保护措施；依据《土地法》实施已拟定的矿区内居民搬迁、安置和补偿计划；依据《就业和劳动关系法》，雇用和培训坦桑尼亚公民，并实施外籍雇员的继任计划；执行在坦桑尼亚采购货物和服务的计划。② 坦桑尼亚矿业法没有对初级采矿许可证持有人须承担的义务作出规定。

乌干达采矿租约持有人的义务有：根据已核准的开发和采矿作业计划及其租约的条款和条件，开发和开采其租约所涵盖的矿床；在开发和采矿作业计划中规定的生产日期当天或之前开始生产；以规定的方式划定和保持矿区的范围；在乌干达保存一个地址，并在矿产专员处注册，所有通信和通知将寄往此处；每月应向专员提交有关采矿作业的全面准确记录，其中包括：所有地图、地质报告的副本，地质报告应该包括解释、样品分析、航空照片、岩芯、日志和测试，以及此类采矿租约持有人获得和汇编的所有其他数据；系统的财务报表及矿产专员要求的其他账簿，如持有人从事与其在采矿租约内的作业无关的任何活动，则其须就其采矿租约下的作业分别备存账簿。③ 此外，矿产租约持有人如果出现减产、停产等情况，应在十四天内通知矿产专员并征得同意方可进行。④

① 《坦桑尼亚矿业法》第 47 条.

② 《坦桑尼亚矿业法》第 52 条.

③ 《乌干达矿业法》第 50 条.

④ 《乌干达矿业法》第 53 条.

3.4.2.4 保留许可证持有人的义务

肯尼亚保留许可证持有人的义务有：以规定的方式划定许可证区域；回填在勘探作业中挖掘的洞或井，或以其他规定的方式、以矿业部长指定的方式让勘探作业中挖掘的洞或井能恢复安全；永久保护，或以规定的方式或按照矿业部长的其他指示确保勘探作业期间的洞或井的安全；遵守环境恢复和遗产计划的条款和条件；移走在许可证规定的范围内为勘探作业而建立的任何设备、厂房或建筑物；对矿业部长可能合理需要的有关矿床的商业开采前景进行研究和评估；并遵守许可证的条件或现有的、可适用的矿产协议，以及矿业部长或授权官员根据矿业法发出的指示。此外，保留许可证持有人还应按许可证所要求的方式，保存勘探作业完整、准确的记录并向登记处报告。①

南苏丹保留许可证持有人的义务有：继续勘探作业；积极保护一种或多种矿产资源；采取具体措施保护环境。②

乌干达保留许可证持有人的义务有：在许可证有效期内继续进行矿藏发展和商业开发前景的研究，如专员认为在许可证有效期内对矿藏的商业开发已成为可能，则专员可向许可证持有人发出通知，要求其申请采矿租约，并可在此后的任何时间取消保留许可证。③

3.4.2.5 手工采矿许可证持有人的义务

肯尼亚矿业法规定，手工采矿许可证持有人可以有效及兼顾效率的方法开采及生产矿产；须遵守良好的采矿习惯、健康及安全规则，并适当顾及环境保护。如果许可证持有人不是土地所有人，则许可证持有人应按规定的方式补偿土地所有人。手工采矿者将获得的矿物进行销售应遵守矿业部长规定的条例。此外，如果许可证持有人违反许可证的条款和条件，或者被判犯有与走私、非

---

① 《肯尼亚矿业法》第89、90条.
② 《南苏丹矿业法》第73条.
③ 《乌干达矿业法》第40条.

法出售或买卖矿物有关的罪行，矿务局长的代表将会撤销手工采矿许可证。[①]

南苏丹矿业法对手工采矿许可证持有人须遵守的义务作出了规定，包括：（1）对有关的手工采矿许可证所规定的用地施加限制。（2）手工采矿场应限于符合以下条件的人：主要居住在本市以及已遵从管理该矿址的使用限制。（3）确保每月现场总产量、矿砂和材料的每日产量不超过第 74 条规定的相应限制。（4）确保所有矿石和材料的重量或体积经过适当测量并以书面记录。（5）建立和保持充分、准确的账簿和记录并随时提供，以供有关州当局查阅。（6）按照本法支付特许权使用费。（7）在每个历年结束后的四个月内，每一个手工采矿许可证持有人应向州当局提交该历年的年度报告，报告应包括该日历年的说明；描述在许可证所涵盖的每个场地进行的手工采矿活动，包括现场开采的每个矿物的单个和总量生产水平；评价采矿对每个矿场的环境影响；包含关于建立新的手工采矿场地和修改现有场地或地块边界的建议（如有）；所有已支付或已发生的成本以及与手工采矿场的运营有关的收入或应计收入的说明。[②]

3.5　矿业权的期限

踏勘许可证方面，通常其期限较短且不可续期。肯尼亚和南苏丹踏勘许可证的期限均为两年，乌干达的为一年，这三个国家均规定踏勘许可证不可续期。

勘探许可证方面，期限一般不超过五年，续期一般不超过两次，并且续期时会附加其他条件。相比较而言，肯尼亚和乌干达勘探许可证的期限最短，其矿业法规定勘探许可证的期限不得超过三年，续期的次数两国又有所区别，肯尼亚规定续期不得超过两次，每次期限不得超过三年，而乌干达对于续期没有次数限制，续期的期限不超过两年，而且还规定就同一块土地申请的，而该土

---

① 《肯尼亚矿业法》第 97、98、99、100 条.

② 《南苏丹矿业法》第 78 条.

地面积在批出或最后一次续期许可证当日不超过勘探面积的一半。卢旺达勘探许可证的期限为不超过四年，坦桑尼亚的为四年；在卢旺达，勘探许可证可以申请续期一次，期限不超过四年，且主管当局可以要求许可证持有人放弃许可证区域的一部分，而在坦桑尼亚可申请续期两次，第一次续期后的期限不超过三年，第二次续期后的期限不超过两年，此外，持有人如属首次续期，须放弃在最初探矿期内所持面积的百分之五十，如属第二次续期，则须放弃剩余面积的百分之五十，并以书面通知发给当局，对其放弃的地区给予足够描述。南苏丹矿业法规定勘探许可证的期限为五年，并且在满足矿业法的所有要求后，可续期两次，每次不超过五年。[①]

采矿许可证方面，一般以年限或矿山的寿命来作规定，东非六国在采矿许可证的具体期限规定方面存在较大差别。肯尼亚矿业法规定采矿许可证的有效期限为二十五年或者矿山的预测寿命，两者中以较短者为准，并须在许可证中订明。[②] 许可证持有人如要续期采矿许可证，须在原许可证有效期到期前一年之内提交申请，采矿许可证的延长期限不应超过十五年或者矿山的剩余寿命，两者中以较短者为准，并须在许可证内订明。[③] 卢旺达矿业法规定，采矿许可证的有效期最长不超过十五年，必要时，采矿许可证可续期一次以上，但每次不得超过十五年。南苏丹矿业法规定，小型采矿许可证的期限根据矿山的寿命而定，但不得超过十年，且可续期一次，同样不得超过十年。大型采矿许可证的期限亦是根据矿山的寿命而定，但不得超过二十五年，且可续期一次，不得超过二十年。[④] 坦桑尼亚矿业法规定，特别采矿许可证的期限为可行性研究报告中所述的矿体的估计寿命或申请人要求的期限，以较短者为准。特别采矿许可证持有人可在许可证到期前一年内的任何时间，向部长申请续期其全部或部分采矿区域的许可证，续期的期限不超过矿体剩余的寿命。[⑤] 采矿许可证的期限最长为十年，许可证持有人可在许可证到期日之前六个月内向部长申请续期

① 《南苏丹矿业法》第 44 条.
② 《肯尼亚矿业法》第 107 条.
③ 《肯尼亚矿业法》第 116 条.
④ 《南苏丹矿业法》第 58、65 条.
⑤ 《坦桑尼亚矿业法》第 43、45 条.

许可证，续期申请应当采用规定的格式，并附有税务机关就续期期间的作业出具的规定费用和税费的清缴证明，续期的期限不超过十年。① 初级采矿许可证的期限为七年，许可证持有人可在许可证到期前三个月内，向区域矿务官员申请续期许可证。② 但矿业法或其他法规没有对初级采矿许可证续期的期限作出规定。乌干达矿业法规定采矿租约的期限不能超过二十一年或拟开采矿体的预计寿命，以较短者为准。采矿租约持有人可在租约届满前一年内，就采矿区域的全部或部分向专员申请将其租约续期，续期不超过十五年。③

保留许可证方面，一般期限在五年左右。南苏丹规定的期限最长且还根据保留许可证发放的前提而有所区别。南苏丹矿业法规定，保留许可证如是根据勘探许可证颁发给持有人的，其许可证期限从勘探许可证到期起最长期限为五年；保留许可证如是根据采矿许可证颁发给持有人的，则其许可证期限从勘探许可证到期之日起最长期限为六年。但不论是哪一种情况颁发的保留许可证，其期限都不可延长。④ 期限次之的是坦桑尼亚，坦桑尼亚矿业法规定，保留许可证的期限不得超过五年。经持有人申请、部长的审批，保留许可证可续期五年。⑤ 再次之是乌干达，乌干达矿业法规定，保留许可证有效期限不超过三年，若专员认为，矿床在保留许可证期限届满前仍未具备商业开发的可能，经许可证持有人申请，可延长两年以下期限。⑥ 规定期限最短的是肯尼亚，期限为不超过两年，可申请续期，续期同样不超过两年。

手工采矿许可证方面，肯尼亚矿业法规定，手工采矿许可证的期限为三年，且可续期一次，时间不超过三年。南苏丹矿业法规定，手工采矿许可证没有时间限制，但须每年予以更新。⑦ 相比较而言，南苏丹的手工采矿许可证期限更有吸引力。

---

① 《坦桑尼亚矿业法》第53条.
② 《坦桑尼亚矿业法》第56条.
③ 《乌干达矿业法》第46、47条.
④ 《南苏丹矿业法》第69条.
⑤ 《坦桑尼亚矿业法》第38条.
⑥ 《乌干达矿业法》第38条.
⑦ 《南苏丹矿业法》第74条.

3.6 矿业权的变更

在东非六国，矿业权的主体或股份权益的变更事项，应按规定得到主管部门的许可批准，否则不产生法律效力。如肯尼亚矿业法规定，矿业权的分配、转让、抵押或交易均应报请矿业部长的同意，当然，在没有正当理由的情况下，矿业部长不得拒绝同意矿业权的分配、转让、抵押或交易，并应在收到变更申请之日起的三十天内作出决定。

而对于转让，一般都规定转让包括转让全部或部分的股份权益，区别在于是否转让部分的股份权益都需经得主管部门的许可同意。在此方面，东非六国的规定有所区别。肯尼亚是规定矿业公司将发生所有权或控制权的单一权益超过许可证权益的百分之二十五的重大变更才需要矿业部长的许可同意；而卢旺达是不论转让全部还是部分，均须以书面形式申请主管部门的授权。坦桑尼亚又有所不同，特别采矿许可证、采矿许可证不论转让比例多少应经得主管部门的书面同意，初级采矿许可证则不受此限制。乌干达则规定踏勘许可证不能转让，其他矿业权的转让须获得矿产专员的批准。

3.7 矿业权的暂停及消灭

矿业权的暂停是指暂时停止矿业权的相关权益及其运作。矿业权的消灭是指矿业权的撤销或注销。

矿业权的暂停在东非六国矿业法中并不普遍存在，仅肯尼亚、卢旺达和坦桑尼亚对此有作出规定。而引起暂停矿业权的原因大致为未能遵守矿业权的义务规定，但具体各国又有所差别。坦桑尼亚的暂停矿业权仅限于矿业权人未能遵守矿业法加诸其的义务，不存在别的附加，而在肯尼亚，除未能遵守矿业权的相关义务外，犯有矿业法规定的犯罪行为、被发现在申请矿业权或申请矿业权续期时作出不实陈述、被判定破产或公司宣告破产都可能被暂停矿业权。在卢旺达，未能支付该付的款项，拒绝主管官员或主管部门进入矿产勘探、开采、贸易和加工或采石场作业区域，未能遵守矿产勘探、加工、开采和贸易以及采石场运营中的健康和安全标准；未能为员工提供保险；未能按照法律向员工支付费用；未能为矿产勘探、加工、开采和贸易以及采石场作业的员工提供所需的保护设备都可能被暂停矿业权。在作出暂停矿业权的决定时，主管部门都会给予矿业权人三十天的完善履责时间。

矿业权的撤销通常源于矿业权人的严重违规、违法行为。在肯尼亚，撤销矿业权的事由与暂停的事由一样，视情况的严重程度不同而作出不同的决定。在坦桑尼亚，其事由也与暂停的事由一致。而卢旺达的撤销事由如下：未能在截止日期到来前开始勘探或采矿作业；未能开展最低限度的工作或未能履行最低支出义务；以非公平价格出售矿物；未依照卢旺达矿业法规定的采矿许可证的内容；未能遵守暂停许可证的补救规定，未能遵照法律规定而转让矿业权。南苏丹仅规定了矿业权的撤销，事由在于未能遵守矿业权的规定或者有犯罪行为的发生。需注意的是，肯尼亚、卢旺达、坦桑尼亚矿业权的撤销均有矿业主管部门作出，而南苏丹矿业权的撤销是由有司法管辖权的法院作出的。

矿业权的放弃仅在肯尼亚矿业法中有规定。肯尼亚矿业法规定，矿业权人可提出放弃全部或部分区域的矿业权，且矿业权人无需说明理由，仅需详细说明放弃的区域即可。

3.8　本章小结

从矿业权制度的内容来看，矿业权的种类、矿业权的取得方式、矿业权所承载的权利义务等，在东非六国中稍有差异。肯尼亚矿业权制度涵盖面较广，矿产的踏勘、勘探、采矿等不同的阶段，大型采矿、小型采矿、手工采矿等采矿的不同形式都纳入了监管范围。在矿业权制度的整体规定方面，不得忽略的是南苏丹矿业权制度的规定。不论是矿业权种类的设计，还是权利义务内容的规定，南苏丹矿业法与后来的肯尼亚矿业法、卢旺达矿业法相比，在全面性、先进性等方面都未曾逊色分毫，因政治动荡未能得到完整、全面地实施是其最大的遗憾。相比之下，布隆迪、卢旺达、乌干达的矿业权制度规定则显得过于简略、粗糙了。

的确，从矿业权制度的基本规定就可以看得出来，东非六国对矿产行业的关注、对矿产行业所存的希望存在不同程度的差异，例如坦桑尼亚、肯尼亚矿业权制度的总体设计和执行情况走在了东非六国的前列，这两个国家对本国的矿业倾注了较多的心血和精力，对本国的矿业情况掌握较为清晰、到位，尤其是坦桑尼亚在民众对矿业的态度方面反应灵敏，甚至已经上升到了政治层面。而卢旺达不论在法律制度的设计方面还是在制度的执行、监管方面相对而言都较薄弱。南苏丹虽然因为战争导致国内动荡不安，但从矿业法的颁布时间、矿业权制度的设计就能看得出来，南苏丹对于本国的矿业是抱有希望的，只是由于战乱原因让矿业权制度无用武之地。

第4章　东非六国矿业权制度的价值追求和具体目标

东非六国矿业的发展历史悠久，获得独立后的东非六国极力谋求结构转型、经济发展，工矿业都曾被寄予厚望。在二十世纪末，东非六国的矿业开始复苏，二十一世纪开始则经历着矿产勘探和采矿活动的繁荣。① 自此，矿产行业在东非六国国民经济中逐步获得了举足轻重的地位。然而，矿产行业自身发展所带来的问题一直如影随形，如大型矿业公司与当地社区间矛盾频生，占据采矿业半壁江山的手工采矿和小型采矿的行业不规范、所带来的环境污染问题日益严重，矿业经济与国内经济部门联系不紧密、未能促成国内经济包容性增长等。矿业权制度是一国矿业法律、矿业矿产政策的核心，它承载着国家矿业法律、矿业矿产政策的全部希望。矿业权制度设计的价值追求、具体目标，关系着国家矿业法律、矿业矿产政策是否能顺畅地实现预期设想。因此，本章主要探讨东非六国矿业权制度的价值追求和意欲实现的具体目标及其成效。

① Petro S Magai, Alejandro Márquez – Velázquez. *Tanzania's Mining Sector and Its Implications for the Country's Development*, 2011, 8. http: //repository. udsm. ac. tz: 8080/xmlui/bitstream/handle/20. 500. 11810/4287/Tanzania% E2% 80% 99s% 20Mining% 20Sector% 20and% 20Its% 20Implications% 20for% 20the% 20Country% E2% 80% 99s. pdf? sequence = 1&isAllowed = y.

4.1 东非六国矿业权制度的价值追求

法律制度不是纯粹的制度形态，它是观念形态的外化物，它本身负载着一定的价值要素和价值追求，是制度化了的价值。[①] 对矿业权制度的规范和功能进行实证分析，可以形成对矿业权制度内容的完整认识。然而，对矿业权制度深层次的价值分析同样不可或缺。因为矿业权制度外在的工具作用，究其根源往往是由其内在的价值追求所决定的。换言之，内在的价值追求决定了矿业权制度的内容规定，进而决定了矿业权制度作用的发挥与实现。因此，探寻矿业权制度深层次的价值内涵和精神意蕴，对研究东非六国矿业权制度整体内容来说很有必要。本节将对东非六国矿业权制度的安全、效益、正义、发展四个价值的追求设计、实际成效进行探讨。

4.1.1 四大价值追求

综合来看，东非六国矿业权制度体现了如下的价值追求：

一是安全。安全，在辞海中的释义是：没有危险，不受威胁，不出事故；保护，保全。在法律价值领域中，安全是指通过法律制度的各项规定以求实现的没有危险的稳定、安定状态。依据不同的标准，安全有不同的划分结果：依据所指向的内容之不同，安全可以分为人身安全、财产安全、信息安全、精神安全等；依据安全所存在的社会领域之不同，安全可以划分为经济安全、政治安全、社会安全、文化安全以及环境安全等；依据安全所依附主体之不同，安全可以分为个人安全、家庭安全、团体（或集体）安全、民族安全、国家安全、全人类安全。[②] 对于大型矿业公司而言，它的投资回报是否拥有确定性，它的成果是否拥有稳定性和排他性，它的所得是否拥有当然的归属性，这些担忧全依赖于一国矿业权制度。对于为矿产行业即将付出或者已经付出大代价的

① 王周户，柯阳友.《行政听证制度的法律价值分析》，《法商研究》1997 年第 2 期.

② 安东.《论法律的安全价值》，《法学评论》2012 年第 3 期.

矿业公司来说，这些问题就是它所关心的经济安全、财产安全，这些问题的答案也直接影响到矿业公司的投入与否、投入多少。此外，安全这一价值追求对于东非六国而言有其特殊性所在，尤其是对卢旺达和南苏丹而言，手工采矿、小型采矿所得的矿产往往成为武装冲突分子的目标，武装冲突分子经常与手工矿工、小型矿工进行交易，转手将矿产以更高的价格投向国际市场，以此来获取进行武装斗争所需的资金。这一做法不仅影响了国家对行业的有效管控和治理，还严重影响国家整体的经济、政治安全。因此，如何通过有效的矿业权制度设计保护和维护国家的经济、政治安全对于东非六国而言是首先面临的问题。

二是效益。效益原本是经济学上的名词与主题，因亚当·斯密将经济学的目光投向了法律制度，从而将效益这一研究引入了法律领域，它的基本含义是，用最少的资源付出（包括自然资源和人力资源）来获得相同的效果，或者用相同的资源付出来获得更大的效果。[①] 也就是说，效益是指怎样用最少的投入换取最大的利益，又或者是以同样少的投入换取更大的利益。而在法律上，效益价值是指“法能够使社会或人们以较少或较小的投入以获得较多或较大的产出，以满足人们对效益的需要”。[②] 对于东非六国的矿业权制度来说，效益这一价值追求是通过三个层次体现出来的：首先是矿业权制度所追求的效益是经济效益，通过促进矿业经济效益的提高来改善人民的生活、提升社会的福利，进而最大限度地提高人民的生活水平；其次是矿业权制度所追求的效益是社会效益，通过可持续的矿业开发以保护、维持自然生态和环境，在改善民生的同时延续矿产资源的长久可开发性，保证一代续一代对矿产资源的利用；最后是矿业权制度所追求的效益是政治效益，通过国民经济的有效运行，从而促进本国国际竞争力的增强和国际地位的提升。

东非六国自独立起已历经几十年的奋斗历程，每一个国家自独立之日起便立下铮铮誓言，要为国家谋发展、为人民谋福利。然而几十年过去了，东非六

---

① 张文显著.《当代西方哲学》，吉林出版社 1987 年版，第 23 页.

② 林玉美.《论行政许可法的效益价值追求》，《中共福建省委党校学报》2004 年第 11 期.

国在经济上的表现虽步调不一，但总体而言有其共同之处，那就是经济发展不充分，经济增长结构单一，人民生活困苦，摆脱贫困的机会并不多。经济状况、发展情况虽然不佳，但并不是完全没有机会，东非六国的矿产资源丰富，甚至很多都处于未开发的状态。是否可以利用资源为国家创造财富？矿产资源是不可再生资源，消耗性强，如何利用最少的矿产资源为国民经济做最大的贡献？如何在资源不可持续的情况下将国民经济这块蛋糕做得又大又好？对这些问题的思考反映在了东非六国的矿业权制度中。

三是正义。纵观人类发展历史可以发现，正义一直都是人类社会持续不断的追求，人类社会每一次取得的历史性突破与进步无不与正义的主张相关。然而，正义似乎总是以千变万化的形式呈现于人前，却从来没有一张相同的面孔。根据正义指向的客体，可分为行为的正义、个人的正义、规则的正义或制度的正义、社会的正义；根据正义所存在的领域，可分为政治的正义、经济的正义、伦理的正义、法律的正义；根据正义所体现的性质，可分为实体的正义、形式的正义或程序的正义；根据正义实现的方式，可分为分配的正义、交换的正义、惩罚的正义；根据正义所呈现的状态，可分为绝对的正义、相对的正义①，等等。在各领域的研究中，人们往往将正义等同于公平、平等，因为正义、公平、平等通常追求的结果和目标都极为一致。总体而言，正义一词有广义与狭义之分，广义的正义是指万事万物之间的和谐关系，狭义的正义则仅仅指向人类社会内部的人与人之间的和谐关系。② 矿业权制度中，也包含着对正义的不懈追求。采矿许可制度中特许权使用费的设置、国家矿业公司的设置、国家对大型矿业公司股份的参与都是国家与大型矿业跨国公司之间的博弈，希望能在掌握雄厚资金、有着强国背景支持的跨国公司面前能拥有更多的话语权、主动权、掌控权，能实现经济弱国与大型跨国公司之间的对话平等；矿业权制度中的社区发展协议规定是为社区、矿工、当地民众等利益相关者赢得更多的利益分享；矿业权制度中对手工采矿、小型采矿的规定是为手工采

① 张恒山.《论正义和法律正义》,《法制与社会发展》2002 年第 1 期.

② 严存生.《社会正义与法律正义论纲》,《学术研究》2018 年第 8 期.

矿、小型采矿在大型矿业公司步步为营下争得一席之地；矿业权制度中对全体国民不论男女的就业开放是为女性在矿产行业中的就业铺开名正言顺的法律坦途。这些制度的设计，无一不是为了实现国家、矿业公司、手工矿工、小型矿工、当地社区、当地民众等各个利益相关者之间的关系平衡与和谐。就如肯尼亚矿业矿产政策中提到的，它确保所有利益相关者都能从该行业的增长中获益，包括投资者、当地手工和小型矿工、国家和县政府、当地社区和肯尼亚人民。[①]

四是发展。发展，在哲学上其是指事物由小到大、由简到繁、由低级到高级、由旧质到新质的变化过程。而在社会领域，发展一词通常特指生产力、经济、政治、文化和社会的发展。历久经年的殖民统治遗留下的沉疴无数，独立后各方面措施的力有不逮，又或者是国内不同政治团体的维私人利益是图，导致非洲国家尤其是东非六国经济、文化、社会等各方面发展缓慢，国家需要发展以自立，民众需要发展以自强，矿业经济的发展以至于整个国民经济的发展，东非六国对此有着更为迫切的向往与追求。对矿业经济发展的需求与希望在矿业法或矿业政策中表露无遗，肯尼亚的矿业政策中就规定，该政策为建立矿业和矿产资源部门加速和可持续发展的有利框架提供了坚实的基础。[②] 乌干达矿业政策的开篇就提到，采矿业的新曙光——（矿业政策是为）吸引投资，建设获取和利用地理数据的能力，增加矿产产量，促进乌干达的社会和经济发展。[③]

4.1.2 制度落实与价值追求的差距

制度是理想化的设计，纷繁复杂的现实会给最初的理想沉痛一击。东非六国希望矿业权的制度设计实现国家与大型矿业公司之间矿产收益的合理分配，从而达到实质正义的期望；希望实现大型矿业公司与手工采矿、小型采矿之间的公平竞争甚至相互合作；希望实现女性在采矿行业中的公平地位，从而最终

① Ministry of Mining, Kenya, Mining and Minerals Policy.
② Ministry of Mining, Kenya, Mining and Minerals Policy.
③ Ministry of Energy and Mineral Development, Uganda, The Mineral Policy Of Uganda.

实现矿业经济、国民经济的快速和稳定发展。然而，矿业权制度在现实中的表现离价值的实现还有相当大的差距。

武装冲突与跨境矿产流动之间的关系仍然剪不断理还乱。虽然实施了矿产贸易的单一区域倡议，但效果并不佳，东非六国尤其是毗邻刚果（金）民主共和国的布隆迪和卢旺达的手工采矿、小型采矿仍与武装冲突分子的资金来源紧密联系在一起。对此有个基本事实需要认清的是，采矿首先是一个与更广泛的政治经济相联系的地方生产经济，而不是一个与国际非法贸易网络相联系的战争经济。[①] 目前的针对性制度虽然保持了贸易流动，也在某种程度上提供了持续的就业机会，但矿产行业治理的固有问题未能予以有效解决，那就是：改善手工采矿、小型采矿劳动者工作的法律空间和条件，以及这类作业如何纳入国民经济、为国民经济提供收入。[②]

所在国与大型矿业公司的关系不甚和谐。东非六国对于大型矿业公司普遍呈现出矛盾的心态，一方面希望引进大型矿业公司对本国矿产资源进行开发，带动国内经济部门的发展，另一方面又希望能与矿业公司进行合理的收益分配，希望矿业公司承担更多的企业社会责任，推动社区经济发展，改善当地民众生活。在矿业公司与当地社区出现矛盾、纷争的时候，当地政府通常都与当地社区、民众形成统一立场，批评指责矿业公司。比如非洲巴里克黄金矿业公司在坦桑尼亚的境遇就是如此，在与社区和小型矿工出现矛盾时，坦桑尼亚政府严厉批评巴里克黄金矿业公司，其时任总统基奎特还指责巴里克黄金矿业公司"抢劫坦桑尼亚"。[③] 这些反应和举措无疑是对大型矿业公司的不友好和打击。

大型矿业公司与手工采矿、小型采矿之间的摩擦不断。例如在坦桑尼亚，非洲巴里克黄金公司有四个矿山，每一个矿山都与社区有着长期的冲突，尤其

① Rachel Perks. *Digging into the Past: Critical Reflections on Rwanda's Pursuit for a Domestic Mineral Economy*, Journal of Eastern African Studies, 2013, 4, P732 – 750.

② Rachel Perks. *Digging into the Past: Critical Reflections on Rwanda's Pursuit for a Domestic Mineral Economy*, Journal of Eastern African Studies, 2013, 4, P732 – 750.

③ Ainsley Elbra. *Gold Mining in sub – Saharan Africa: Towards Private Sector Governance*, The Extractive Industries and Society, 2014, 1, P216 – 224.

是在北玛拉金矿周围。此外，巴里克黄金公司与矿区之间的矛盾还表现在小型采矿侵占大型矿区的区域问题上，同时周边社区居民对大规模的采矿业表现出普遍的不满，在2008年时曾出现4000名村民突袭北玛拉金矿，并摧毁了巴里克黄金公司价值1600万美元设备。① 类似的情况在东非六国中均较常出现，客观的事实是大型矿业公司取得了许可范围区域内的矿业权，而手工采矿、小型采矿却已在矿业公司矿业权所取得的许可区域内做了先行的采矿作业，且这采矿作业是其生计来源，大型采矿公司的进驻导致了其现实生存难以为继。

妇女、儿童在采矿业中的正当权益并未获得实质保障。在采矿业，尤其是在手工采矿、小型采矿中，不论妇女是以跟随丈夫的家庭角色还是独立自主的角色进入采矿行业，其在获取和控制资源、参与决策过程、获取信息技术和参与有限的企业发展培训等方面均处于不利地位。此外，在手工采矿和小型采矿工作中使用的采矿加工方法，接触危险、复杂的材料，会导致妇女出现不孕、流产、生产畸形婴儿等较为明显的危险。童工在手工采矿、小型采矿作业中也很普遍，他们本该端坐在教室里上学，而不该在危险的行业中忙碌，正如肯尼亚矿业和矿产政策中提到的，“需要执行适当的法律来遏制这种不人道和非法的做法”②。妇女、儿童在采矿业中的参与情况在东非六国都有较为相似的表现，但相关的矿业法律、法规并没有对此作出特别的保护规定，现实的情况是妇女在采矿业中仍得不到公平、平等的待遇，仍然不断有儿童加入这一危险的行业中。

4.1.3 坚持四大价值追求的必要性

安全、效益、正义、发展等这些矿业权制度所追求的价值，虽然在实践中仍有种种的不如意，但不论是从国际交往的角度，还是从国内发展的角度来看，以上的价值追求都有其坚持的必要。

从国际层面来看，在过去的十多年中，对因矿产交易而影响的国际及非洲

---

① Ainsley Elbra. *Gold Mining in Sub - Saharan Africa*: *Towards Private Sector Governance*, The Extractive Industries and Society, 2014, 1, P216 - 224.

② Ministry of Mining, Kenya, Mining and Minerals Policy.

地区经济安全、政治安全的重视已经上升到了前所未有的高度，先有2001年《金伯利进程》的出台以形成对冲突钻石贸易的限制；紧接着美国在2003年出台《清洁钻石交易法》，要求所有进口至美国或从美国出口的钻石均应有《金伯利进程》认证证书以对来自武装冲突国家的钻石进出口进行限制；2010年美国又颁布施行《多德-弗兰克法案》，该法案的第1502条对在美国上市的所有公司提出明确要求，要求其履行申报义务，申报内容为其为防止其供应链中的锡、钨、钽铁矿和黄金（3TG）对非洲大湖区的贸易造成影响而进行的尽职调查。美国《多德-弗兰克法案》的出台不仅给非洲的刚果、卢旺达等大湖地区国家的矿产出口带来深远影响，同时也影响着其他地区的立法。欧洲议会在2010年10月通过了一项决议，要求欧盟按照美国《反垄断法》的规定制定相关立法；欧盟委员会在2011年宣布，打算探索改善整个供应链尽职调查的方法，之后的六年时间，欧盟都在探索一种负面影响较低地避免从冲突地区采购矿产的激励机制，终于在2017年5月通过了《"冲突矿产"条例》。在区域组织方面，非洲本土地区也制定并实施了不同的认证计划和尽职调查指南，包括ICGLR认证机制、认证交易链（CTC）和经合组织尽职调查指南，以应对手工采矿、小型采矿的不同正面和负面影响。虽然对美国《多德-弗兰克法案》的实施效果存在争议[①]，欧盟《"冲突矿产"条例》也是在吸取经验教训的基础上斟酌再三才予以出台，无口否认的是，发达国家对矿产资源的来源途径给予了高度重视并在法律层面设置了明确的要求，非洲国家要想与其他国家顺利地进行矿产交易，那么，遵守这些国家的法律要求则是前提条件。换言之，矿产交易是其次，矿产交易背后的经济、政治安全才是应首要考虑的问题。人们常常认为自然资源影响着制度的性质和质量，但与此同时，自然资源的丰富程度、制度的性质与质量以及两者之间的相互作用同样影响着政治的稳定和繁荣。[②] 像贵重矿物这种自然财富经常遭受指责并被认为是助长武装冲

---

① Dirk - Jan Kochl, Sara Kinsbergen. *Exaggerating Unintended Effects? Competing Narratives on the Impact of Conflict Minerals Regulation*, Resources Policy, 2018, 3, P1 -9.

② Nicolas Berman, Mathieu Couttenier, Dominic Rohner, Mathias. *How Minerals Fuel Conflicts in Africa*, American Economic Review, 2017, 6, P1564 -1610.

突的罪魁祸首，对于非洲国家而言，不消除、杜绝“冲突矿产”，武装冲突势力的存在将永远如鲠在喉，搅得整个国家无法安宁。国际组织、发达国家的立法督促，无疑是让非洲国家将外在压力化为内在要求予以督促提高的有效办法，非洲国家更应结合本国立法予以转化、消化。

从国内发展来看，非洲国家对于效益、正义、发展等价值的追求同样不应懈怠。如前所述，矿产资源是不可再生的，经不起任何的肆意挥霍或人为破坏；非洲国家已然将矿产行业作为重要产业予以培育，而非洲国家矿产资源管理经验的贫乏、资金的匮乏都是横亘在各国政府面前的未解难题；欢迎外国资本的进入与矿产租金收益的平衡，激发大型采矿企业的活力与企业社会责任的承担；大型采矿企业与手工采矿、小型采矿之间关系的调和。中央及地方政府的收益划分及职责承担等矿业权制度的设计、矿产行业的管理与治理等方面问题的妥善解决，关系着非洲国家矿产行业的长久可持续发展，也关系着非洲国家矿产行业乃至整个国民经济的长久利益，非洲国家政府不得不正视此问题。

此外，对于妇女能否进入矿产行业就业，以及在矿产行业中的就业地位、就业质量等问题与上述问题相比，虽然不具有涉外性，但这一问题却牵涉更深层次的非洲国家内部的社会公平正义、公民参与以及民主建设问题。或许在非洲国家的某些地方文化是可以合法地被描述为传统的、父权制的和男性的中心文化，在这种文化中，妇女往往明显处于从属地位，由此来解释妇女在采矿业中的边缘地位再合适不过。非洲联盟对此问题已有深刻认知并于2009年在《非洲矿业远景规划》中呼吁在小规模采矿中实现“两性平等”，并“通过将两性平等纳入采矿政策、法律、法规、标准和守则，赋予妇女权利”。然而，采矿行业中的性别效应得到的关注仍然是有限的。① 然而，现代文明社会的发展已经充分地证明了性别平等对于社会可持续发展的不可或缺性，性别平等能

① Fisher. *Occupying the Margins*: *Labour Integration and Social Exclusion in Artisanal Mining in Tanzania*, *Development and Change*, 2007, 4, *P*735 – 760; *Gavin Hilson*, *Abigail Hilson*, *Agatha Siwale*, *Roy Maconachie*, *Female Faces in Informal* “*Spaces*”: *Women and Artisanal and Small – Scale Mining in Sub – Saharan Africa*, Africa Journal of Management, 2018, 3, P306 – 346.

带来公平、多样、民主、包容、相互关联等令人向往、令人愉悦的品质。[①] 尽管存在一定的困难，非洲国家仍应正视此问题并将其纳入矿业权制度的价值追求范畴之内予以考量、解决。

综上所述，东非六国矿业权制度的价值追求符合其本国矿业发展的实际情况并能指引其未来的发展方向。即使在实践中存在制度落实的差距，东非六国亦应坚持并努力将其完善。

4.2 东非六国矿业权制度的具体目标

关于矿业权制度所要实现的具体目标，东非六国在相关的矿业法或矿业政策中都曾作出过清晰、明确的表达。肯尼亚在2016年的《矿业和矿产政策》中就提到，鉴于矿产行业的潜力，矿业部制定了一个全面的政策框架，以加强该行业的监管和协调。……有必要创造有利的环境，以吸引矿业投资。……本政策将解决采矿业存在的问题，并使该行业的战略方向与非洲矿业远景规划、（肯尼亚）2030年远景及宪法规定保持一致。此外，本政策将加强组织机构管理，解决管理和经营、环境保护、矿产价值增加、矿山关闭后活动、能力建设、手工和小型采矿主流建设等问题。本政策将促进适当技术的使用，包括地理空间技术和航空地球物理测量，以增强国家矿产潜力的信息，并增加对采矿业的投资。[②] 南苏丹2015年《矿业条例（矿业权）》在第2条关于条例的目的就指出，本条例的目的是规范矿业法所规定的矿业权管理。[③] 坦桑尼亚在发布的《有关矿产和采矿业的信息》中指出，本政策的主要目标如下：刺激勘探和采矿发展；规范和改进手工采矿；确保采矿财富支持可持续的经济和社会发展；促进和改善矿产和矿物基础产品的销售和市场管理；促进坦桑尼亚建设成为非洲的宝石中心；缓解贫困，尤其手工和小型矿工的贫困，并最大限度地减

① Doris Bussa, Blair Rutherfordb, Jennifer Stewartc, Gisèle Eva Côtéd, Abby Sebina - Zziwae, Richard Kibomboe, Jennifer Hintonf, Joanne Lebert. *Gender and Artisanal and Small - Scale Mining: Implications for Formalization*, The Extractive Industries and Society, 2019, 10, P1 - 13.

② *Chapter one: Introduction.* In: Mining and Mineral Policy, Kenya.

③ *Chapter I: Preliminary Provisions.* In: Mining (Mineral Title) Regulations 2015, South Sudan.

少或消除采矿开发对社会和环境的不利影响。① 此前的坦桑尼亚《矿产政策2009》中也明确规定了矿产政策的目标：（1）改善经济环境，以吸引和维持本地和国际商人对矿产行业的投资；（2）促进矿产行业与其他经济行业之间的一体化，使矿产行业对经济的贡献最大化；（3）加强矿产行业的法律和监管框架，增强监管和执行能力；（4）加强对矿产行业有效管理和监测的行政能力；（5）战略性地参与可行的采矿项目，为坦桑尼亚人获得中大型矿山的所有权创造有利环境；（6）支持和促进小型采矿业的发展，以增加其对经济的贡献；（7）便捷、支持和促进坦桑尼亚人更多地参与宝石开采；（8）在采矿作业中建立透明且充分的土地补偿、搬迁和重新安置方案；（9）加强当地社区对采矿项目的参与，鼓励矿业公司增强企业社会责任；（10）促进和发展矿产品营销体系，以确保矿工获得在正规市场交易的矿产品的正确价值；（11）促进和便利国内的增值活动，以增加收入和就业机会；（12）促进矿产行业所需的研究开发和培训，鼓励其得到利用；（13）发展本地的技术能力基础；（14）通过教育和提供准确及时的信息，改善矿产行业与公众间的沟通交流；（15）提高坦桑尼亚地质调查局的行政能力，以有效和高效地履行其职能；（16）加强与区域和国际机构的合作，利用其提供的设施、资源和信息；（17）促进安全和保持卫生条件，以保护矿区环境；（18）鼓励和促进妇女参与采矿活动，并加强对采矿活动中童工的法律和法规的执行。② 乌干达2016年《矿产政策草案》中指出，本政策的目标是通过增加投资、增加价值、国家参与和创收来发展矿业，为社会经济转型和消除贫困作出重大贡献。③

综合东非六国矿业法或矿业政策中关于其目标的阐述可以看出，东非六国矿业权制度设定的具体目标包含如下几个：引导大型矿企承担企业社会责任，规范手工采矿、小型采矿，吸引外国投资，促进经济包容性增长。本小节就对东非六国矿业权制度的具体目标及其实行效果展开深入的研究。

---

① *Information On The Minerals And Mining Sector*, Tanzania.

② Mineral Policy Of Tanzania, 2009.

③ Draft Mining And Mineral Policy For Uganda 2016.

4.2.1 引导大型矿企承担企业社会责任

4.2.1.1 矿企社会责任承担的缘起和争论

对于引进大型矿业公司介入以进行勘探、开采活动，不论是东道国还是当地民众，通常都对其寄予了厚望，希望他们提供培训、教育和卫生等公共服务，提供清洁水、交通、能源等公共物品，进行学校、卫生中心和供水系统等基础设施建设，在当地社区发展方面进行投资。与此同时，所有采矿活动都将伴随着小型和微型企业活动的增长，他们可以为采矿公司、矿工及其家属提供商品和相关服务，从而带来收入的大幅增长。此外，大型矿业公司在建设和运营阶段都将为邻近社区创造就业机会；且众所周知的是，大型矿业公司还给国家和地方各级政府创造外汇收入和税收。的确，大型矿业公司的进入带来了矿产行业的繁荣，邻近的社区也提供了一些较低技能的服务，但问题似乎不停留在此，越来越多反对、抗议的声音开始出现。政府在制定矿产开发政策时没有参考或咨询可能受到影响的社区，而大型矿业公司的实践也让它的认知停留在与政府达成协议就足够了的层次，当地社区即便利益攸关但却似乎从一开始就被忽略、被无视。随着时间的过去，邻近矿区村庄的贫困率不仅没有下降，甚至还出现了上升的情况。这不禁让人开始反思，大型矿业公司的进驻，到底会让谁直接、间接受益？利益相关者都有谁？当地政府和当地的社区对那片土地拥有什么权利？大型矿业公司获得矿业权后为进行矿产的勘探、开采将世代生活在那片土地上的土著居民转移出矿区，尽管土著居民也秉持他们对那片土地具有同样权利的信念，但却未能得到认同。离开了赖以为生的农田、林地，他们却未能得到其他的就业机会，世代依存的生活方式被颠覆却未能掌握新的谋生技巧，日后该如何维持生计？是否有人尝试为当地居民提供技能或半熟练岗位的培训？矿业公司进入后，对当地社区的工资、收入影响如何？是否会出现一些基本商品的价格可能会上涨，从而出现给那些没有从新经济条件中受益的社区成员带来困难的情况？矿山的收入分配影响是否可能是实质性的，并有潜在的严重影响？最后，不同级别的政府部门收取的税收和特许权使用费，该如何分配才能真正体现矿山收益和成本的关系？成本又该包括哪些？………这些问题都迫切需要解答。

矿业活动——矿产资源的发现、开采和加工被广泛认为是企业进行的最具环境和社会破坏性的活动。① 原因有两个，一是矿产资源本身是不可再生资源，取之则少，越取则越少，矿业活动对于矿产资源而言是不可恢复的索取；二是矿业活动本身，虽然采矿工业占地面积并不大，但采矿项目进行的每一阶段——勘探、开挖、废石处理、覆盖矿石处理、工厂运营、尾矿管理（处理废物）等都有可能导致环境退化，并且不可逆转。② 因此，面对任何潜在的采矿作业进行分析时，首要发问的是：矿山的效益是否大于环境成本？环境成本如何得到弥补？

除了经济效益不突出、环境问题严重以外，大型矿业公司还对当地的社会文化产生影响。一是当地土著居民的生产方式在矿业公司入驻后产生了极大的变化；二是来自国外或者国内地区的矿业工人通常会带来不同的生活方式和行为模式，这起码会给当地居民带来困扰。而政府已经对大型矿业公司征收了税收、特许权使用费，法律对其他行为也没有作出别的约束，矿业公司何苦给自己平添烦恼。他们甚至还理直气壮地辩驳，政府已经收取了他们的费用，不论是改善当地土著居民的生计还是为他们提供更好的社会服务，产生的社会问题理应由政府负责解决。③ 除了矿业公司已经缴纳相关费用这一原因外，让矿业公司有如此想法也与发展中国家的采矿文化有关。④ 传统上，与当地社区的良好关系并不是发展中国家采矿文化的重要组成部分。就矿业公司而言，它清楚

① Jenkins, H. and Yakovleva, N. *Corporate Social Responsibility in the Mining Industry: Exploring Trends in Social and Environmental disclosure*, Journal of Cleaner Production, 2006, 14, P271 -284.

② Willy Maliganya, Renatus Paul. *The Impact of Large - Scale Mining on the Livelihoods of Adjacent Communities: the Case of Geita Gold Mine*, *Tanzania*. 2016, 10, P1 -17.

③ Raphael B. B. Mwalyosi. *Impact Assessment and the Mining Industry: Perspectives from Tanzania*, IA-IA' 04 Vancouver, Canada, 2004, 4, P1 - 14. https: //www. iaia. org/pdf/ConferenceDocuments/IAIA04/OP%20Raphael%20Mwalyosi%20 - %20IA%20&%20Mining. pdf.

④ Willy Maliganya, Renatus Paul. *The Impact of Large - Scale Mining on the Livelihoods of Adjacent Communities: the Case of Geita Gold Mine*, *Tanzania*, Repoa, 2016, 10, P1 -17.

地知道采矿活动是成本高、经济风险大的活动，需要对勘探进行大量投资以确定矿床是否值得开采。考虑到成功的不确定性，在项目顺利开始之前，矿业公司几乎没有兴趣去考虑与社区之间的关系问题，按以往的做法，这从来就不是矿业公司的首要任务。而对当地社区居民而言，采矿活动是以经济目的为导向的，自己是能参与其中获得利益还是被排除在利益之外，这是他们对于项目开展需要了解的信息。但双方却缺乏沟通交流，无法建立起信任，最终往往导致了冲突的局面。

此外，大型矿业公司与小型采矿、手工采矿活动亦经常发生冲突。大型矿业公司将手工矿工、小型矿工视为“侵入者”，手工矿工、小型矿工也可能会把向大型矿业公司授予矿业权这一行为视为剥夺了他们的土地和生计。尽管越来越多的积极关系的例子开始出现，但仍有人指责政府和大型矿业公司有时串通一气，强行将小型矿工驱逐出他们的土地，有时甚至杀死他们。[①]

综上来看，矿业公司除了获取了自身比较满意的经济利益外，对所在国、所在社区居民生活的改善并没有作出什么贡献，甚至加剧了他们的恶劣状况。因此，也有学者在调查了拉美、非洲国家的一些矿区情况后得出结论：在发展中国家拥有矿业利益的跨国公司对加强社区发展、环境保护和社会经营许可证等问题作出的大部分承诺都是无根据的、不可信的。[②] 矿业公司历经千辛万苦终于获得了矿业权，这似乎成为他们进驻矿区后开展活动的尚方宝剑，他们也在畅想开展采矿活动后源源不断地创造效益的画面，然而，不断反对、抗议的声音阻止甚至中断了他们的美好设想。

采矿业为什么让人失望？国内政府行政功能为何失调？如何才能让采矿业得到长久可持续的发展？从社会的角度来看，这些“治理差距”需要得到纠正，以便该行业能更好地促进发展和减少贫困。而又该如何纠正这些偏差呢？大家纷纷把目光投向了企业这一关键主体，近十几年来涌现出大量的文献试图

---

① Eleanor Fisher. *Artisanal Gold Mining at the Margins of Mineral Resource Governance: a Case from Tanzania*, Development Southern Africa, 2008, 2, P199 - 213.

② Gavin Hilson, James Haselip. *The Environmental and Socioeconomic Performance of Multinational Mining Companies in the Developing World Economy*. Minerals & Energy, 2004, 3, P25 - 47.

探索矿业公司更深刻的角色内涵，而接受度最高的回答是：企业社会责任战略。这一战略的前提是企业的角色，其“不仅仅是提供收入和就业机会、赚取最大化的利润、增加股东的价值，他们在法律和政治领域拥有超越其正式位置的权力和影响力（不论是实际的还是潜在的），尤其在发展中国家，它们应被视为能产生广泛后果活动的有意识和有影响的参与者”①。在论述这一角色时，《约翰内斯堡可持续发展宣言》主张非常清晰：“有必要向企业问责，私营企业有责任‘促进公平和可持续的社区和社会的发展’”。②

多年来，企业社会责任的实践备受争议。支持者认为，企业社会责任有一个很强的商业理由，即比起直接的、短期利益，企业若能以更广泛、更长远的视角进行经营，它将从多个方面受益。企业社会责任的支持者还认为，外国投资的增加与促进所在国的经济增长、发展之间存在良好的关系，这种关系不仅能让采矿业的私营参与者向多边机构、双边机构寻求经济上的支持（贷款、出口信贷等），更能为他们的企业社会责任寻找项目。然而，批评者却认为，企业社会责任分散了企业的基本经济作用；没有多少企业社会责任能够纠正根深蒂固的国家特定的结构问题，企业界不应承担本该由政府承担的责任去追求所谓的“发展目标”；企业参与社会和社区发展，注定是肤浅、短视的，更是不公平、不可持续的。③ 而不论争论如何激烈，为了解决实践中出现的问题，企业社会责任是被写进了所在国的法律之中的，尤其是在非洲国家。

4.2.1.2　东非六国的大型矿业公司

目前肯尼亚主要的矿业公司有艾派克斯非洲资源有限公司、梅福克斯矿

---

① UNECA（United Nations Economic Commission for Africa）and AU（African Union）. *Minerals and Africa's Development: A Report of the International Study Group on Africa's Mining Regimes*, Second Draft. 2010. 8.

② UNECA（United Nations Economic Commission for Africa）and AU（African Union）. *Minerals and Africa's Development: A Report of the International Study Group on Africa's Mining Regimes*, Second Draft. 2010. 8.

③ Bonnie Campbell. *Corporate Social Responsibility and Development in Africa: Redefining the Roles and Responsibilities of Public and Private Actors in the Mining Sector*, Resources Policy, 2012, 37, P138 - 143.

业有限公司、纳扎勒勘探有限公司、杜马黄金有限公司、AQ 肯尼亚黄金有限公司、楚山国际矿业有限公司、卡雷比金矿有限公司、阿弗里奥国际（巴巴多斯）有限公司等三十五家，而比较大型的矿业公司有阿弗里奥国际（巴巴多斯）有限公司、艾派克斯非洲资源有限公司、日本制钢东非有限公司等。

自从实行私有化以来，卢旺达采矿业已从一个主要的贸易行业成长为一个投资行业，目前拥有 250 多家勘探和采矿公司，至少有 500 个矿场。①

南苏丹此前的矿业基本以手工采矿、小型采矿为主。2015 年，有三家公司获得了 2012 年《矿业法》颁布后发放的勘探许可证，这三家公司分别是：赤道黄金/合并矿产和能源投资有限公司、斯皮尔矿业/赤道黄金公司、新库什勘探与采矿有限公司。② 赤道黄金公司是一家在南苏丹勘探黄金的勘探集团，主要股东是里士满合作伙伴有限公司和勘探资本合作伙伴（斯普洛特资产管理基金），以及该集团的创始人及其朋友和家人，该公司的注册办事处位于英国莱明顿，朱巴的实际地址是卢加利家。自 2013 年 12 月爆发内战以来，赤道黄金公司已经没有常驻南苏丹的工作人员，公司员工仅定期到南苏丹进行勘探活动，或在需要会见政府官员时返至南苏丹。赤道黄金公司不打算在南苏丹开采，而是准备一个主要的采矿作业，因为它没有能力经营一个矿山。2017 年至 2018 年度，该公司计划开展可行性研究，拟定商业计划，申请采矿许可证。该项目随后将被提交并最终出售给一家大型矿业公司，如兰德黄金、盎格鲁黄金阿撒蒂或巴里克黄金。合并矿产和能源投资有限公司，即 CMERIC。2011 年 5 月，赤道黄金公司与合并矿产和能源投资有限公司签署了一项盈利协议，两家公司同意，在投资特定金额的资金时，赤道黄金公司将拥有 65% 的盈利份额，当需要投资更多资金时，该份额将上升至 85%。因此，合并矿产和能源投资有限公司最终将获得 15% 的股份，但所有的工作和投资将由赤道黄金公司完成。南苏丹 2015 年颁发的三个勘探许可证之一就是给赤道黄金

---

① 数据来自卢旺达矿业联合会. http：//rma. co. rw/mining - in - rwanda/.

② *Mining In South Sudan：Opportunities And Risks For Local Communities.* https：//www. cordaid. org/nl/wp - content/uploads/sites/2/2016/03/South_ Sudan_ Gold_ Mining_ Report - LR_ 1. pdf.

和合并矿产和能源投资有限公司共同投资的公司。新库什勘探与采矿有限公司（NKEM）是一家专注于东非六国，特别是南苏丹、乌干达北部和埃塞俄比亚等国家的先行者金矿勘探公司，旨在发现新的边境矿藏。自2006年以来，新库什勘探与采矿有限公司就一直在南苏丹开展业务。2008年2月，新库什勘探与采矿有限公司成为继全面和平协议之后在朱巴成立的第一家勘探和采矿公司。虽然新库什勘探与采矿有限公司在其他国家有合作伙伴，但其唯一的勘探作业是南苏丹北部，它不在任何地方采矿。

坦桑尼亚国内目前的采掘公司共有55家，其中大型的矿业公司有吉塔金矿有限公司、布莱恩胡鲁金矿有限公司、北马拉金矿有限公司等43家。2015年至2016年，这55家采掘公司缴纳给政府的各项税收、费用达4346多亿坦先令。[①]

目前，在乌干达比较大型的采矿作业公司有安哥拉－乌干达合作公司、阿托科服务有限公司、布丝特马矿业有限公司、海湾资源有限公司、赫马水泥有限公司等15家，主要开采黄金、钽、钨锰铁矿等。[②]

4.2.1.3　企业社会责任的法律规定及实行效果

4.2.1.3.1　企业社会责任的法律规定

同大多数的非洲国家一样，东非六国的矿业法律、矿业政策最初几乎都是倾向于如何吸引更多的投资，从而为国家带来更多的收益。由以上东非六国主要的矿业公司及其对所在国缴纳的税费可以看出，矿业公司对所在国作出极大的经济贡献。但不和谐的情况不是没有，像坦桑尼亚一直不遗余力地吸引投资者开采黄金和其他宝石，尤其是在卡哈马、泰里美和盖塔地区，然而却很少有关于当地社区产生的诸如教育设施、就业、供水、道路网络、卫生服务、贷款

① TEITI（Tanzania extractive industries transparency intiative），Final report for the period July 1 2015 to June 30 2016.

② Mining sector profile，Uganda.

等的社会经济效益的记录。① 在乌干达，有一些大型的矿业公司还没有进行环境影响评估就已经开始作业，这样的例子不止一个，而当地的官员却声称他们没有监测矿井对当地水源影响的工具。② 在肯尼亚，一些矿业公司与政府签订了矿产开发的协议，但却没有相关社区利益相关者的意见，如中国的汾西公司与肯尼亚政府签订的在穆伊盆地开采煤矿的协议，就没有履行这一环节。③ 然而，相比较之下发现，国际大型矿业公司在拉丁美洲的矿业活动几乎没有负面的环境影响，大型矿业公司使用的技术与他们在本国使用的技术基本相同，并且他们的操作经常取代当地政府所制定的环境标准；所有的矿山、矿场都在尽最大的努力以减少环境破坏，即使有小事故发生，矿业公司也及时作出了反应和处理。同样开展矿业活动的公司，所处的是同一行业，带来的结果却大相径庭，这不禁让东非六国开始检查自身的法律规定，再结合当时全球兴起的企业社会责任融入法律的趋势，东非六国似乎从这里找到了答案，也开始了将企业社会责任纳入本国法律规定的过程。

肯尼亚2010年《宪法》第69条规定，每个人均有责任与国家机关或其他人合作以保护环境，保障自然资源的生态可持续发展和利用。第70条规定，如果交易涉及国家政府或一些授予其他人关于肯尼亚自然资源开采的权利或许可证，在此项交易诞生之日起，此项交易应交由议会批准。卢旺达《宪法》第49条规定，每个公民都有权享受健康和令人满意的环境。每个人都有责任保护环境。国家保护环境。法律规定保护、维持环境的方式。南苏丹《宪法》第33条规定，民族文化社区有权自由地享受和发展自己的独特文化。这些社

① Willy Maliganya, Renatus Paul. *The Impact of Large – scale Mining on the Livelihoods of Adjacent Communities: the Case of Geita Gold Mine, Tanzania.* 2016, 10, P1 – 17. https://www.africaportal.org/publications/the – impact – of – large – scale – mining – on – the – livelihoods – of – adjacent – communities – the – case – of – geita – gold – mine – tanzania/.

② Global Winess, Undermined. *How Corruption, Mismanagement and Political Influence is Undermining Investment in Uganda's Mining Sector and Threatening People and Environment*, 2017. 6. 5. https://www.globalwitness.org/en/campaigns/oil – gas – and – mining/uganda – undermined/.

③ Lois M Musikali, Elizabeth M Musikali. *Legislating Corporate Social Responsibility in Kenya's Extractive Industry: A Case study of the Mui Coal Mining Project*, Africa Nazarene University Law Journal, 2015, 3, P65 – 82.

区的成员有权根据宪法和法律，在各自的文化和习俗范围内实践自己的信仰、使用自己的语言、遵守自己的宗教并养育子女。第 41 条规定，每个人或社区都有权享有清洁和健康的环境。每个人都有义务保护环境，造福子孙后代。每个人都有权通过适当的立法行动和其他以下措施保护环境以造福子孙后代：（1）防止污染和生态退化；（2）促进保护；（3）在促进经济社会合理发展的同时，保障生态可持续发展和自然资源，保护遗传稳定和生物多样性。各级政府应当制定能源政策，在保护和维持环境的同时，保证人民的基本需要得到满足。坦桑尼亚《宪法》第 17 条规定，每个公民均有义务去创造、保护一个干净、健康的环境。据此，东非六国的宪法为民众建立了对环境保护的义务，也创设了他们对环境的知情权。

具体到矿业活动的专项立法中，矿业公司的企业社会责任是这样体现和被要求的：肯尼亚 2016 年《矿业法》第 44 条规定，矿业权持有者应合理、负责任地，以不会对任何其他矿业权持有者或矿业权延伸土地的所有人或占用人的利益造成不利影响的方式行使矿业权赋予的权利。此外，矿业法也要求采矿许可证申请人在申请时提交环境影响评估报告。第 44 条为矿业公司的社会企业责任规定定下了基调，肯尼亚矿业部在 2016 年还出台了《社会发展协议条例》，条例对社区发展协议的目标、社区发展协议的适用、受影响矿区社区的确定、多个受影响矿山社区和多个社区的发展协议、社区发展协议的起草、社区发展协议的谈判、社区发展协议的咨询、社区发展协议的内容、实物出资的估价、不应列入社区发展协议的内容、社区发展协议的期限、社区发展协议的审查、社区发展协议和透明度要求、社区发展权利和义务的转让、过渡矿权持有人的遵守或不遵守的罚则、社区发展协议的效力、争议的解决程序等作出了详细规定。

卢旺达 2018 年《矿业法》只简要提到矿业权申请者应按相关部门要求提交相应计划，并没有对社区发展协议、环境影响评价等作出特别要求和说明。

南苏丹 2012 年《矿业法》第 68 条对社区发展协议作出了规定，其中要求大型采矿许可证持有者应支持受其作业影响的或附近社区的发展，促进当地居民的生活质量的提高，并在当地政府的合作下与相关社区签订社区发展协议。若矿业公司不遵守与当地社区的社区发展协议，则可暂停其大型采矿许可证。

坦桑尼亚2010年《矿业法》第41条规定，特别采矿许可证的申请者在提交许可证申请时需要提交根据《土地法》提出的矿区内人员搬迁、安置和补偿计划书、根据《环境管理法》颁发的申请人环境证书。

乌干达2003年《矿业法》第78条规定，矿业权的持有者涉及或在为文化仪式所用的集体持有的土地上作业，需经得有关社区的书面同意。第108条至第112条对矿业公司的环境保护责任作出了要求，规定须进行环境影响评估，每年进行环境报告审计；还对环境保护标准、环境恢复计划、环境履约保证金作出了简要的规定。

从东非六国对大型矿业公司的企业社会责任规定可以看出，企业社会责任的承担关系着矿业权的获得以及矿业权的行使，有些国家规定环境保护的承诺、社区发展协议的签订是获得矿业权的前提，如肯尼亚、坦桑尼亚，有些国家的规定则是为了确保矿业权的恰当行使，如南苏丹。

4.2.1.3.2 企业社会责任承担的实行效果

查看一下东非六国一些大型矿业公司的网页，比如裂谷能源集团公司，在其公司首页上关于企业愿景中写道：企业的目标是设计盈利的、可持续的商业模式；严格关注当地可再生能源资源；开发电网连接或岛式能源解决方案，涉及最先进的电力销售技术（即为偏远农村客户提供基于蜂窝的销售系统）；整合区域和地方能源基础设施发展倡议；与当地社区合作，为他们的期望和需求提供最佳服务；积极协助制定地方制度框架，将独立发电商纳入国家能源政策。①

而梅福克斯是肯尼亚的本土公司，在其公司主页上其公司经营理念的介绍中是如此说明的：本公司致力于建立与当地社区间的专注且可持续的关系；致

① Rift Valley Energy. http：//www. riftvalleyenergy. com/about/.

力于肯尼亚矿产行业的发展；致力于将业务整合到国际金融市场。[①] 在该公司看来，三者之间的关系是承前启后的，与当地社区的关系融洽了、顺利了，相对而言企业发展的阻碍就更少，在肯尼亚矿产行业中就容易获得稳固的一席之地，自然在国际市场上就更能大展身手了。

企业，尤其是私营企业，追逐利润的最大化是其与生俱来的使命与追求，也是其矢志不渝的终极目标。然而我们却看到，建立良善的、可持续发展的社区关系亦成为企业的目标、愿景，甚至是首要目标，这似乎与私营企业的身份不相一致，这与国家法律规范的引导、要求不无关系。而从实践上来看，也有不少公司在如实履行着，如南苏丹的新库什勘探与采矿公司在接受调研团队访谈时就强调了与当地社区建立良好关系的重要性，并谈到该公司2012年底制定了一项改善信息共享和社区关系的计划，只是在内战爆发后暂停了行动的实施。[②] 然而，即便东非六国的宪法、矿业法对于矿业公司的企业社会责任作出了规定，但我们仍然看到矿业公司企业社会责任的承担情况并不是很好，当地社区的抗议、示威的新闻时有发生，环境污染的情况亦较严重。[③]

企业社会责任，归根结底，还是基于因果关系而对于矿业公司的行为方式、行为要求进行的调整，进而产生对利益有关方的弥补和补偿。不论学界的争论如何，从总体来看，企业社会责任增强了矿业经济的可持续发展性，为企业的后续发展提供了更广阔的空间、提高了企业矿业活动的效益和效率。同时，企业社会责任还实实在在地提高了社区民众的生活水平和质量。

4.2.1.4 对企业社会责任的法律完善建议

综合来看，东非六国矿业公司的企业社会责任可从如下方面进行立体完善：立法方面，应对企业社会责任作出更为细致、有实际指导意义的规定。矿

① Mayfox mining Ltd. http：//mayfoxmining. com/our－philosophy/.

② *Mining In South Sudan：Opportunities And Risks For Local Communities.* https：//www. cordaid. org/nl/wp－content/uploads/sites/2/2016/03/South_ Sudan_ Gold_ Mining_ Report－LR_ 1. pdf.

③ Gavin Hilson，James Haselip. *The Environmental and Socioeconomic Performance of Multinational Mining Companies in the Developing World Economy*，Minerals & Energy，2004，3：P25－47.

业公司的企业社会责任，其主要落脚点在于两个方面，一是环境保护，二是社区发展与建设。环境保护方面，东非六国现有的规定只是大体、粗略规定了企业在提交矿业权申请时应提交环境影响评估报告，或者要求矿业公司遵守环境法的相关规定，但事实上环境法的规定是对于全体人民、企业的行动要求，对于矿业公司、矿业生产环境等没有具体的操作要求和指导，因而并不具有实际指导意义。因此，可在矿业法中细化对矿业公司环境保护方面的要求，除环境影响评估报告外，还可以对技术处理标准、环境恢复（复原）计划等作出进一步的规定。

与制造业和服务业不同，采矿业的基础是从特定环境或土地中提取自然资源。通常，这种自然资源的提取是在当地社区内或附近进行的，因此可能对社区资源产生影响，如供水、娱乐、牲畜放牧区和自然植被等。这些地理区域也被称为“围栏社区”。[①] 而发展，指的是改善现有条件，这些条件包括社会条件、经济条件、环境条件、生活质量和制度。[②] 当然，诚如学者所指出的，这些改进必须以避免“零和”的方式进行，即这里获得的是其他地方失去的东西[③]，否则所谓的发展对于整体国家而言不过是自欺欺人的表象。在采矿业中，社区发展用于描述为实现采矿作业地理位置附近社区的积极经济、环境以及社会成果而开展的努力和活动。[④] 这些活动包括当地就业、培训和技能发展、提供基础设施（如道路和管道供水）、卫生和教育设施、战略慈善、员工志愿服务、授权计划等。采矿行业中社区发展的一个重要因素是，它涉及社区本身参与矿业公司为社区利益而开展的活动的设计和实施，因此，社区参与发展进程的能力对于社区发展协议的商谈、社区发展项目的建设等都至关重要。

---

① Calvano, L. *Multinational Corporations and Local Communities: A Critical Analysis of Conflict*, Journal of Business Ethics 2008, 82, P793.

② Chilenye Nwapi. *Legal and institutional frameworks for community development agreements in the mining sector in Africa*, The Extractive Industries and Society, 2017, 4, P 202 - 215.

③ Cavaye, Jim. *Understanding Community Development*, 2015. http://www.southwestnrm.org.au/sites/default/files/uploads/ihub/understanding - community - developments.pdf.

④ Kemp, Deanna. *Mining and community development: problems and possibilities of local - level practice*, Community Development Journal, 2010, 2, P198 - 218.

在社区发展建设方面，肯尼亚、南苏丹的法律框架和内容均较完善，但仍需注意的是，矿业公司与国家签订矿产协议之前，社区等利益相关方的参与并未提及；受影响的社区即所谓的“利益攸关方”确定的标准没有规定；社区发展协议、社区发展项目是作为一个矿业权取得的前提条件还是矿业权行使的条件未能明确；地方机构在社区发展协议商谈、签订、执行过程中的角色、职责未能作出规定；未能遵守社区发展协议的罚则亦不明晰。此外，社区发展协议的签订是否应按企业的规模作不同的要求？东非六国手工采矿占据的比例极高，若对其作社区发展协议的要求显然过于严苛，但手工采矿对矿区环境、对当地社区所产生的负面影响亦是不可忽视的，是否有其他替代方式从而弥补环境的损失、当地社区所受的影响？[①] 如果公司要为实现社区的发展作贡献，就必须通过明确的法律规定、公平的谈判和透明的合同来予以规范，那么以上这些方面均是应予以补充、完善的地方。

政府的权责及监管方面，权责下放的同时应对地方政府的职责和内容作出更明确的规定。目前大多数发达经济体和发展中国家的治理趋势是将福利服务的责任转移到社区。因此，社区必须承担更多的责任，以国家提供的最少资源向其成员提供支持、护理、财政资源、技术诀窍和维护服务。[②] 对于矿业公司与当地社区间的融洽关系建立方面，县级政府目前的角色仅限于在未经确认的社区寻求参与社区发展协议且无法与矿业公司达成协议时提供协助。然而，县级政府对当地社区的地质情况、种族分布及生计情况更有把握，更好的方法是让县政府参与受影响社区的确定工作，这将减少社区与矿业公司之间出现分歧的可能性。此外，在信息传播方面，县级政府、地方机构还可以充分发挥传播信息的功能，利用地方一级的信息传播设备，在将要开展矿业活动的地区传播有关的社区发展协议信息，以确保所有可能受影响的社区都

---

① 有学者提出可对手工采矿者要求向社区发展基金捐款，从中提取资金，以解决他们经营对社区的负面影响。见：Chilenye Nwapi. *Legal and institutional frameworks for community development agreements in the mining sector in Africa*, The Extractive Industries and Society, 2017, 4, P202 – 215.

② Kalpana Goel. *Understanding Community and Community Development Defining the Concept of Community*, In: Goel Kalpana, Pulla Venkat, Francis P. Abraham (Eds): Community Work: Theories, Experiences and Challenges, Niruta Publications, 2014, P1 – 15.

得到充分了解。此外，县级地质部门除了提供地质方面的咨询服务外，亦应加强对工作人员的培训，以对社区代表、矿业公司提供相互间交往、沟通方面的指导服务。

4.2.2 规范手工采矿、小型采矿

4.2.2.1 手工采矿、小型采矿的问题呈现

手工采矿、小型采矿是典型的原材料提取方法，即便大型采矿公司在矿产行业占据关键性位置，但手工采矿和小型采矿在非洲、亚洲、大洋洲、中美洲和南美洲的80多个国家中存在，并且数量在过去20年中一直在上升。截至2013年，全球约有1亿手工矿工及其家庭依靠手工采矿、小型采矿维持生计，而工业采矿的工人只有700万。手工采矿、小型采矿的生产供应占全球蓝宝石的80%，黄金的20%，钻石的20%。[①]

严格意义上来看，手工采矿、小型采矿并不相同，国际上对此问题进行研究的学者曾根据不同的标准给出过不同的定义，比如有限的投资、数量不多的劳动力或有限的矿产生产，但由于宏观经济形势、地质框架、采矿历史和法律条件的不同，实际上各国对手工采矿、小型采矿的定义也各不相同。[②] 综合来看，手工采矿与小型采矿的最大区别在于作业的方式上，一些小型采矿作业可能具有半工业或全工业性质。小型采矿的机械化程度、内部组织和符合国际工业标准的程度都较高，而且它们的业务通常由工业化国家的合作伙伴提供资金和管理；此外，它们会采用较为复杂的开采或浓缩技术。[③] 除了与小型采矿在作业方式上是否使用机械化这点不同外，手工采矿在以下方面的特征极为明显：作业过程中充斥大量体力劳动、职业安全和健康保健水平低、各级操作人

① The World Bank, *Artisanal and Small - Scale Mining*, 2013. 9. 21. https: //www. worldbank. org/en/topic/extractiveindustries/brief/artisanal - and - small - scale - mining.

② Gavin Hilson. *Small - Scale Mining and Its Socio - Economic Impact in Developing Countries*, Natural Resources Forum, 2002, 26, P3 - 13.

③ Thomas Hentschel, Felix Hruschka, Michael Priester. *Artisanal and Small - Scale Mining: Challenges and Opportunities*, World Business Council For Sustainable Development, 2003, P5 - 13.

员资质差、矿产开采和加工效率低下（回收率低）、开采边缘或非常小的矿藏，这些矿藏不可通过机械化采矿进行经济开采、工资和收入水平低、缺乏社会保障、环境问题考虑不足、缺乏长期工工作的资本投入等。

认识和理解手工采矿、小型采矿行业的经济意义，对于制定有效的政策和激励措施，以支持发展该行业由此获得最大利益至关重要。[①] 在许多发展中国家，手工采矿、小型采矿在很大程度上是一种贫穷驱动的活动，在经济上发挥着重要作用。[②] 手工采矿、小型采矿往往发生这些国家的边远农村地区，这种工作方式给大部分人口提供了关键的生计支持，并提供了一个逃离或至少应对贫困的机会。[③] 目前的估计是，手工采矿为全球4000多万人提供直接就业，占全球采矿业劳动力的90%左右。[④] 当然，值得注意的是，手工采矿、小型采矿行业中有很大一部分从业人员是妇女和儿童。

除了为很大一部分人口提供生计、提供摆脱贫困的机会以外，手工采矿、小型采矿还对当地的社会经济发展起到很大的贡献作用。一是该地区人口获得的大部分利润被重新用于投资；二是手工采矿、小型采矿产生了对如工具、设备、食品、基础设施和住房等方面的商品和服务需求，由手工采矿、小型采矿而得的收入为其带来了上升的购买力，需求与购买力的两相匹配结合，推动了当地小型商品、服务业的发展；三是手工采矿、小型采矿为当地儿童的入学获得了经济支持，一定程度上铺就了当地儿童的未来路。

尽管手工采矿、小型采矿对矿产生产、经济增长和就业作出的贡献不容小觑，其带来的问题亦是不容忽视的。

---

① Barreto, M. L., Schein, P, Hinton, JJ., Hruschka, F. *Understanding the Economic Contribution of Small - scale Mining in East Africa*, *Pact UK. Project funded by the UK Department for International Development (DFID) through the Research for Evidence Division (RED)*, 2018, P1 - 16.

② Thomas Hentschel, Felix Hruschka, Michael Priester. *Artisanal and Small - Scale Mining: Challenges and Opportunities*, World Business Council For Sustainable Development, 2003, P5 - 13.

③ Barreto, M. L., Schein, P., Hinton, JJ., Hruschka, F. *Understanding the Economic Contribution of Small - scale Mining in East Africa*, Pact UK. Project funded by the UK Department for International Development (DFID) through the Research for Evidence Division (RED), 2018, P1 - 16.

④ Barreto, M. L., Schein, P., Hinton, JJ., Hruschka, F. *Understanding the Economic Contribution of Small - scale Mining in East Africa*, Pact UK. Project funded by the UK Department for International Development (DFID) through the Research for Evidence Division (RED), 2018, P1 - 16.

第一，是行业发展本身的问题。一般情况下，手工采矿、小型采矿的典型特点是勘探水平低、缺乏地质地理数据资料、盲目开采、生产加工能力低下、收益率低等①，然而政府部门没有多余的资金向手工采矿、小型采矿提供所需的支持，当地的私营企业往往又不愿意投资小型采矿业，因此手工采矿、小型采矿几乎没有过多的实际收益。此外，通常手工采矿、小型采矿都处于偏远的农村地区，交通不便、信息不通，导致当地矿工的矿产交易在先天上就丧失了主动权，因而未能取得与实际价值相匹配的成交价格。

第二，是该行业发展所带来的环境问题。手工采矿、小型采矿造成的环境退化是科学界和学术界最关注的话题。最严重的环境影响包括：汞污染；密集勘探和采矿造成的大规模森林砍伐；小型矿山酸性排水和累积重金属淋滤；大规模土壤侵蚀；小型栖息地由于矿井关闭不完全而形成的结构和坑洞“景观”等。②

第三，是该行业从业人员的安全、健康问题。健康和安全状况糟糕的行业往往存在一个问题，那就是其身处于恶劣的环境条件中。采矿本身就具有危险性（尽管它只雇用了全球1%的劳动力，但几乎8%的致命工业事故都是由采矿造成的③），手工采矿更甚，这其中很大一部分原因来自恶劣的工作环境。手工采矿的矿工们大多在不安全、简陋的矿坑或矿井中工作，他们使用的是“中世纪”采矿法。原因在于，和中世纪的采矿相比，他们采用的安全标准和技术方法几乎没有任何差异，甚至在许多方面还更不如。④ 比地上作业更危险的是，地下采矿作业的安全系数往往极低，地下矿工工作的区域往往是随意开凿的，通风不良、顶上支撑不足，矿井塌方和悬挂在矿井上用易燃材料做的灯

① 《向“东方”招手——肯尼亚矿业投资环境面面观》，《中国矿业报》2013年9月2日.

② Gavin Hilson. *Small - Scale Mining and Its Socio - Economic Impact in Developing Countries*, Natural Resources Forum, 2002, 26, P3 - 13.

③ Barry, M. *Addressing Social Tensions in Mining: A Framework for Greater Community Consultation and Participation.* In: Ghose, A. K. (Ed.), Mining on a Small and Medium Scale: A global perspective, Oxford & IBH Publication Company, 1997, P224 - 248.

④ Jan Macháček, Milada Dušková. *Artisanal Mining in Rwanda: The Trade - Off Between Entrepreneurial Activity and Environmental Impact.* In: Leona Achtenhagen, Ethel Brundin (eds.), Entrepreneurship and SME Management Across Africa, Frontiers in African Business Research, 2016, P159 - 172.

笼而引起的火灾都有可能导致人员受伤。对于小型矿山经营者而言，为了实现利润的最大化，他愿意接受更高程度的风险，而对于矿工而言，相对较高的工资、替代就业的无可选择性已然是忽视此类风险的充分理由。双方有意的忽视使得矿工的安全问题难以得到保障。

此外，在手工采矿、小型采矿中使用的一些技术和化学试剂往往对人体有极大的损伤。例如，在使用汞的情况下，急性过度接触可导致严重的流行病学中毒。尽管数据并不容易获得，但在小型金矿区，已有大量的汞中毒病例记录在案。① 研究证实，使用汞的矿工血液、头发和尿液中的汞含量升高，并且这种化学物质会对许多疾病异常敏感。直接吸入气态汞是主要关注的问题，因为它很容易通过肺部吸收，一段时间后，会在肾脏中发生氧化和积聚，导致中毒，从而导致食欲不振，有时甚至死亡。事实上，吸入矿尘是小型地下作业和加工区的主要健康威胁，它与有毒重金属颗粒一起含有破碎的矿石颗粒。由此很可能引发其他严重的并发症，包括：长时间接触含硅量高的灰尘可能导致硅肺结核或硅肺；过度噪音和振动的副作用会导致经常头痛和永久性耳部损伤；水经常被有害病原体污染而引起一些水传播疾病；通风不良可能会导致呼吸困难持续存在；长期吸入有害气体可导致不同类型的支气管损伤，以及过度劳累引起的疲劳。而矿区当地的医疗条件不佳也是矿工们健康状况难以保证的原因。

第四，如前所述，该行业中还有不少妇女从业人员，甚至有儿童从业。妇女在手工采矿、小型采矿作业中也许不仅直接参与作业，还参与提供食物、水，或者工具、器具，然而妇女在此工作中却没有得到与男性矿工同等的报酬待遇，原因可能在于大部分妇女参与采矿的方式往往是跟随自己丈夫以家庭成员方式参加而不是以独立的劳动力形式出现。据调查，在肯尼亚、坦桑尼亚、卢旺达这三国中，女性占手工采矿和小型采矿劳动力的38%，但由于她们做

---

① Gavin Hilson. *Small - Scale Mining and Its Socio - Economic Impact in Developing Countries.* Natural Resources Forum, 2002, 26, P3 - 13.

的工作主要偏向于低收入的种类，她们只占收入份额的11%。[①] 此外，女性在手工采矿和小型采矿中在获得财政、技术或法律支持方面同样也没有平等的机会，即便她们管理的矿山效果好于男性矿山经营者。[②] 另外，在手工采矿、小型采矿区域，性侵犯的行为也时常发生。

最后，与手工采矿、小型采矿联系在一起的往往是非法开采、走私矿产的活动。因手工采矿、小型采矿往往分布在偏远、贫穷的地区，当地人不懂法律，又或是地域偏远导致难以监管，往往形成许多非法开采活动；非法开采的矿产因手续不全、采矿人不熟悉市场等往往又导致走私矿产。非法开采或走私的矿产大部分是高价值的矿产，比如黄金、银、贵重的宝石等。非法开采或许是源于国家的监管不到位，而走私矿产因其避开了相关的税、费的缴纳则给国家、政府的收入带来了巨大的损失。[③]

以上的利弊权衡、抉择难题同样出现在东非六国，因此，如何做好手工采矿、小型采矿带来经济社会效益与诸多问题之间的平衡？如何将手工采矿、小型采矿良好地进行监管的同时又实现手工采矿、小型采矿的利益最大化？这些连环发问是考验东非六国政府的难题。

4.2.2.2 东非六国手工采矿、小型采矿的现实情况

4.2.2.2.1 东非六国手工采矿、小型采矿的现状

据不完全统计，肯尼亚2010年手工采矿与小型采矿的从业人口达到14.6

---

① Barreto, M. L., Schein, P., Hinton, JJ., Hruschka, F. *Understanding the Economic Contribution of Small – Scale Mining in East Africa*, Pact UK. Project funded by the UK Department for International Development (DFID) through the Research for Evidence Division (RED), 2018, P1 – 16.

② Thomas Hentschel, Felix Hruschka, Michael Priester. *Artisanal and Small – Scale Mining: Challenges and Opportunities*, World Business Council For Sustainable Development, 2003, P5 – 13.

③ Gavin Hilson. *Small – Scale Mining and Its Socio – Economic Impact in Developing Countries*, Natural Resources Forum, 2002, 26, P3 – 13.

万人。[1] 多年过去，该行业的从业人数大量上升。2015 年至 2016 年，肯尼亚估计有 80 万人依赖手工采矿和小型采矿行业，该行业对肯尼亚的国内生产总值贡献率达到 0.8% 。[2] 此外，早在 2003 年就有研究机构作出推测，如将手工采矿、小型采矿正规化，黄金和宝石的手工采矿、小型开采每年将会产生 5 亿美元的外汇。[3]

在卢旺达，2011 年 8 月该国工商部进行了一项调查，发现约 390 家企业参与了采矿活动，其中 40 家企业在采矿行业注册，其余 350 家均是未注册的手工矿商或向注册公司出售其矿产的小型矿商。调查还发现，这 40 家公司中又有 8 家被归为中小企业。[4] 根据卢旺达工商部的数据，一家企业的雇员少于 100 人，净资本投资少于 5000 万法郎（即低于 100000 美元），则属于中小企业。在卢旺达，来自正规手工采矿行业的政府收入非常可观，占该国出口收入总额的近 20% 。

在南苏丹，10 个州中的有 6 个州和大约 25 个县进行着手工金矿开采。最重要和最著名的矿址位于中赤道州和东赤道州。据估计，在南苏丹直接从事手工金矿开采的至少有 60000 名矿工。假设一个家庭规模为 5 人到 10 人，从某种程度上受益于手工开采的人数可能超过 50 万。手工矿工每天提取的黄金量也因旱季和雨季以及人与人之间工作效率的不同而有所不同。但据调查，手工金矿开采矿工每天平均提取 1—2 克矿物质（主要是黄金）。[5]

---

① *Maria Laura Barreto*, *Patrick Schein*, *Economic Contributions of Artisanal and Small - Scale Mining in Kenya*: *Gold and Gemstones*, 2018, 2. P1 - 115. https://assets. publishing. service. gov. uk/media/5a392bb8e5274a79051c9d7c/Kenya_ case_ study. pdf.

② Barreto, M. L. , Schein, P. , Hinton, JJ. , Hruschka, F. *Understanding the Economic Contribution of Small - Scale Mining in East Africa*, Pact UK. Project funded by the UK Department for International Development (DFID) through the Research for Evidence Division (RED), 2018, P1 - 16.

③ Thomas Hentschel, Felix Hruschka, Michael Priester. *Artisanal and Small - Scale Mining*: *Challenges and Opportunities*, World Business Council For Sustainable Development, 2003, P5 - 13.

④ Leona Achtenhagen, Ethel Brundin (eds.). *Management Challenges in Different Types of African Firms*, Frontiers in African Business Research, P207.

⑤ *Mining In South Sudan*: *Oppotunities And Risks For Local Communities—Baseline Assessment Of Small - Scale And Artisanal Gold Mining In Central And Eastern Equatoria States*, *South Sudan*. https://www. cordaid. org/nl/wp - content/uploads/sites/2/2016/03/South_ Sudan_ Gold_ Mining_ Report - LR_ 1. pdf.

在坦桑尼亚，据估计，目前有60万至100万名手工采矿、小型矿工。[①] 在经济上，手工采矿、小型采矿可能占坦桑尼亚黄金总产量的10%—15%[②]，而大多数宝石生产都是手工的。据报告，坦桑尼亚2013年黄金总产量约为3.6吨，但专家估计，手工采矿、小型采矿开采的年产量就已占到了2.88吨。[③]

在乌干达，手工采矿、小型采矿为城市周边的急切就业提供了重要来源，并为减少城乡移民提供了方法。乌干达手工采矿、小型采矿的直接就业估计约为30万人[④]，仅在坎帕拉地区，每年约有10万名粘土矿工或制砖商的产量为5亿美元。若是将手工采矿、小型采矿正规化，仅手工采矿、小型采矿生产的黏土砖和黄金价值，就将使国内生产总值增长超过2%。根据结果推算，手工采矿、小型采矿每年生产的黏土砖和黄金的总价值达到5800万美元。此外，将手工采矿、小型采矿生产的矿产纳入正式贸易，黄金出口的外汇收入将使乌干达的贸易逆差减少5%，使其总贸易逆差减半。[⑤]

4.2.2.2.2 东非六国手工采矿、小型采矿的负面影响

面对东非六国手工采矿、小型采矿行业，首当其冲的当然是环境问题。例如在卢旺达的鲁西罗区，主要的经济活动是自给农业和手工采矿，而该地区归一家采矿公司所有，只有一个期限为四年的勘探许可证。[⑥] 许可证的种类和期限使得该公司不会在此做任何昂贵的采矿或加工机械的投资，因此，采矿留

① Marwa，C.，Warioba，I. *Challenges Posed on the New Mining Act and Its Regulations in Tanzania*. J. Politics Law 2015. 8，P185－190.

② Schoneveld，G.，Chacha，M.，Njau，M.，Jønsson，J. *The New Face of Informality in the Tanzanian Mineral Economy：Transforming Artisanal Mining through Foreign Investment?* IIED Research Report，London，2018.

③ Barreto，M. L.，Schein，P.，Hinton，JJ.，Hruschka，F. *Understanding the Economic Contribution of Small－Scale Mining in East Africa*，Pact UK. Project funded by the UK Department for International Development（DFID） through the Research for Evidence Division（RED），2018，P1－16.

④ *Economic Contributions of Artisanal and Small－Scale Mining in Uganda：Gold and Clay*. http：//www. responsiblemines. org/wp－content/uploads/2018/03/Uganda_ case_ study. pdf.

⑤ *Economic Contributions of Artisanal and Small－Scale Mining in Uganda：Gold and Clay*. http：//www. responsiblemines. org/wp－content/uploads/2018/03/Uganda_ case_ study. pdf.

⑥ Twagiramungu F. *Rutsiro Wolframite Ore Dressing Plant － Environmental Impact Assessment Report*（EIAR），2009.

给了当地居民（当然，当地居民并没有取得合法的采矿权），该公司则从当地居民处购买开采的矿石。这些业余矿工使用手工采矿技术进行开采，根据获取含矿岩石的位置，采矿技术可分为两级。首先，在河道源头区域的开采区斜坡上开采矿物，利用重力引起的自然高能量水流。工人们在狭窄的竖井中开采含矿岩石，并在深度达到100米的情况下进行漂移，然后将其输送到水流中，然后使用淘洗技术对其进行冲洗。由于提取出来的矿物质比普通的石头重，所以它们会沉到被保留的底部。当一名工人冲洗所有采到的矿石时，会在更高的位置筑坝，水会被转移到其他地方。收集在洗涤处积聚的材料，然后重复进行该流程。由于使用流动水的必要性，许多起源于开采区、带有山脊系统的人工渠道，沿其长度不断被破坏。其次，在鲁西罗宽阔的河床上进行开采。上层未开采的较轻和较小的金属矿物以沉积物的形式运输，并积聚在河道下部的冲积平原上。在河流宽河床不那么深的地方，从沉积矿床中进行矿物的二次萃取。矿工们将河床底部的大颗粒泥沙剥离，然后用平底锅将其冲洗干净。未固结河岸更容易受到与冲淤有关的横向侵蚀，这种侵蚀会以河岸撕裂和滑坡的形式而发生在整个河道。该地区的手工采矿给当地的水文网络带来直接改变，同时还产生森林砍伐问题，而森林砍伐又间接地改变着水文网络。森林砍伐问题也许并不是大面积的，但当矿区扩大时，森林砍伐却是矿工们的必要动作。当树木被砍伐后，该地区失去了自然植被覆盖，地下水的过滤和积累遭到破坏，退化的土地也更易受侵蚀和滑坡的影响。此外，在该地区手工采矿过程中经常发生化学品泄漏到河道或地下水中的问题。岩石中往往含有化学物质，最常见的化学物质是砷。在采矿过程中，当岩石被冲洗时，包括砷在内的化学品会泄漏到河道中。另一个危险是在提取岩石的溶剂过程中泄漏。大多数用于溶剂萃取的水最终都进入澄清池。这些澄清池可能泄漏，砷或碳化钨等化学物质可能因此进入土壤和地下水。①

① Jan Macháček, Milada Dušková. *Artisanal Mining in Rwanda: The Trade – Off Between Entrepreneurial Activity and Environmental Impact*. In: Leona Achtenhagen, Ethel Brundin (eds.), Entrepreneurship and SME Management Across Africa, Frontiers in African Business Research, 2016, P159 – 172.

在肯尼亚的麦戈里县及其周边，金矿开采是主要的创收活动。据估计，该县手工采矿、小型采矿直接雇佣的人数多达16200人，每年生产多达1.5吨黄金出口，手工采矿、小型采矿每年为麦戈里县经济贡献了约3700万美元的地方支出。① 该地区一个突出的问题是汞在生产过程中的广泛滥用。在生产过程中尾矿已经受到了汞的污染，而这些已经污染了的尾矿其出路是出售给奥斯里周围的10家氰化厂。② 汞和氰化物形成了一个强大的复合体，可以在河道中悬浮很长的时间，而当地的排水系统是排放到维多利亚湖，此举的后果是维多利亚湖将会受到严重的化学物质污染。而众所周知，维多利亚湖是一个重要的区域经济和粮食安全资源。

在职业健康和安全保障方面，肯尼亚麦戈里县及其周边的金矿开采中，与汞使用相关的最高风险是矿区销售商和贸易商公开焚烧汞剂。在矿场工作的人均会吸入有毒的汞蒸气，在矿区内几乎无人能避免；此外在矿区，女性工作者的比例极高，贸易商中有59%是妇女、采矿者中有62%均是妇女，汞对发育中的胎儿乃至孕妇本身都有极大的危害，而这一问题暂时未能得到具体的关注。肯尼亚塔维塔县的金矿手工矿工，则对矿场恶劣的工作环境、严重的缺水情况较为关心。③

4.2.2.3 手工采矿、小型采矿的法律规定与实行效果

4.2.2.3.1 手工采矿、小型采矿的法律规定

虽然手工采矿、小型采矿在东非六国的边远农村地区为当地人提供了生计

---

① Barreto, M. L., Schein, P., Hinton, JJ., Hruschka, F. *Understanding the Economic Contribution of Small-scale Mining in East Africa*, Pact UK. Project funded by the UK Department for International Development (DFID) through the Research for Evidence Division (RED), 2018, P1-16.

② Barreto, M. L., Schein, P., Hinton, JJ., Hruschka, F. *Understanding the Economic Contribution of Small-Scale Mining in East Africa*, Pact UK. Project funded by the UK Department for International Development (DFID) through the Research for Evidence Division (RED), 2018, P1-16.

③ Barreto, M. L., Schein, P., Hinton, JJ., Hruschka, F. *Understanding the Economic Contribution of Small-Scale Mining in East Africa*, Pact UK. Project funded by the UK Department for International Development (DFID) through the Research for Evidence Division (RED), 2018, P1-16.

选择，“但对绝大多数人来说，尽管这项工作有助于满足日常生活需要，但却未能促进生活质量的显著提高”①，甚至还有可能掉进“贫困陷阱”。如何实现手工采矿、小型采矿的规范化和可持续发展？如何让手工矿工、小型矿工获得实在利益的同时也能使国家财政从手工采矿、小型采矿受益？对于这些问题，许多学者给出了中肯的、可行的意见。② 大致包括：

一是使手工采矿、小型采矿合法化，并实施特定行业的立法。实现手工采矿、小型采矿可持续发展的基础是通过登记和许可使其合法化，使其在全国范围内成为一个行业。合法化、干预和控制是消除不可接受的工作方式和非法销售矿产的关键，也是消除降低生产力和竞争力的一些运营限制的必要前提。由于手工采矿、小型采矿作业的组成差别很大，特别是在开采的矿产和机械化水平方面有着极大的不同，学者们建议可以结合国情采用能反映行业多样性的许可证制度：

（1）基于矿产类型而建立的许可证制度：从事不同矿物开采活动的矿工可获得不同的许可证。例如，为采石场、贵金属、宝石和建筑材料颁发单独的许可证。

（2）基于地层、位置或区域而建立的许可证制度：考虑地理特征（即敏感生态区、人口分布等），以确定小型矿工可开采的位置和挖掘深度。

（3）个别或“交错”许可证制度：可颁发一个涵盖整个采矿和一般营销过程的许可证，或从勘探、开发和开采到营销过程中每个阶段的个别许可证（称为交错许可证）；

（4）国家级或者州级许可制度：政府可以建立统一的许可制度，也可以在不同的县、州实行单独的许可制度。

二是关注社区发展、增强经济资助。尽管手工采矿、小型采矿所在的矿山

---

① Gavin Hilson. *Poverty Traps in Small – Scale Mining Communities*：*The Case of Sub – Saharan Africa*, Canadian Journal of Development Studies, 2012, 2, P180 – 197.

② Edmund Bugnosen, John Twigg, Andrew Scott, *Small – Scale Mining Legislation and Regulatory Frameworks*, Minerals and Energy：Raw Materials Report, 1999, 2, P35 – 38. Bugnosen, E. M., *A Preliminary Assessment of Small – Scale Mining Legislation and Regulatory Frameworks*, Department for International Development (DFID), Intermediate Technology Development Group, 1998.

是临时性的，一旦相关立法到位，政府就应该通过资助各种基础设施和向小规模矿工提供经济援助来促进该行业的社会经济可持续性发展。比如建立区域医院和急救中心，有助于治疗在工作中受伤的工人。再比如建设公路、开发公共汽车和卡车路线，这将有助于矿工扩展销售市场，也有助于吸引更多采购商。同样，公路开发也会使试图在城市中心销售其产品的矿工受益。手工采矿、小型采矿在发展上面临重大的经济挑战，扩大对手工采矿、小型采矿的经济援助，将促进其环境的改善、拓展采矿交易服务等。

三是改善培训和教育，传播和转让技术。培训和教育的增加、改善，技术示范的增加，可以使关键信息和技术差距得到弥合。各级政府应当协调教育单位和非政府组织的工作和研究，设计和实施有效的教育和培训方案。还应当确保有效的环境技术惠及矿工，以尽量减少废物和污染的发生。比如在环境方面，可以成立区域性小型采矿中心，作为传播重要环境和健康信息的平台，或者为手工矿工、小型矿工提供矿工技术方面的培训服务。此外，政府还应在向手工矿工、小型矿工传播清洁技术、环境和健康等方面的信息上发挥主导作用。可通过互联网媒体、技术出版物、举办论坛、与培训机构合作推出培训计划、与各种研究机构建立伙伴关系开展合作等来进行。

在参考众多建议的基础之上，东非六国对手工采矿、小型采矿的管理作了实践探索。

肯尼亚2016年《矿业法》将手工采矿和小型采矿都纳入了矿业法的范畴。手工采矿方面，肯尼亚矿业法规定肯尼亚公民进行手工采矿须申请手工采矿许可证，许可证的有效期为三年，可续期一次（三年）。申请手工采矿许可证程序不复杂，提出书面申请即可；手工采矿许可证持有人应以有效率的方法开采及生产矿产品、遵守良好的采矿习惯、健康及安全规则并适当顾及环境保护。如手工采矿许可证持有人违反许可证的条款和条件，或者被判犯有与走私、非法出售或买卖矿物有关的罪行，则其许可证将会被撤销。许可证的授予、续期、撤销等事务由矿务局长的代表来处理，县级还设立了手工采矿委员会，以给矿务局长在当地的代表提供建议。小型采矿与手工采矿不同，但肯尼亚矿业法并未将手工采矿与小型采矿作明确的区分，仅将小型作业的矿业权分为小型踏勘许可证、小型勘探许可证和小型采矿许可证。小型作业的矿业权仅能由肯尼亚公民，或者由肯尼亚公民持有不少于 60% 股份的法人团体所获得。

卢旺达 2018 年《采矿和采石法》将小型采矿纳入了矿业法的范畴而将手工采矿予以排除在外。小型采矿、中型采矿、大型采矿许可证在矿业法中的区别在于其涵盖的面积，小型采矿为 50 公顷，中型采矿为 100 公顷，大型采矿为 400 公顷。除此之外，卢旺达 2018 年《采矿和采石法》未对小型采矿、中型采矿、大型采矿在作业方式上等作出区别。

南苏丹 2012 年《矿业法》将手工采矿、小型采矿均纳入了矿业法的范畴。手工采矿许可证申请适用小型采矿许可证申请的程序，区别在于手工采矿在一年内开采矿石的数量不超过 12000 立方米。

乌干达 2003 年《矿业法》中没有明确将手工采矿、小型采矿规定为矿业权的类别，但设置了“本土许可证”这一矿业权类别。本土许可证内容包括勘探和开采矿产，但勘探和开采矿产不涉及重大支出，亦不使用专门的技术，重大支出指的是矿山的投产所需不超过 500 先令或者相近的数目。从规定的作业面积、作业方式来看，本土许可证所赋予的矿业权更像是手工采矿和小型采矿的合集。

从以上规定可以看出，东非六国在对手工采矿、小型采矿的合法化方面并不完全一致，卢旺达 2018 年《矿业法》虽然颁布的时间最新，但与之前的矿业法相比不同，其对手工采矿放弃了规范，也即依据新的矿业法，手工采矿的合法化在卢旺达是不可能实现的。肯尼亚、南苏丹矿业法对于手工采矿、小型采矿都有较为完整的规定，设置了手工采矿、小型采矿这两种许可证类型。比较两国的规定可以发现，南苏丹的矿业法对手工采矿的规定更为细致、严苛，肯尼亚的则相对宽松，再联系手工采矿许可证的持有人这一潜在主体，他们大多是生活在偏远农村的农民，信息闭塞、受教育程度不高，如此看来，南苏丹对手工采矿的规定显然因为过于理想化而显得有些脱离实际了，还不如肯尼亚的规定来得直接和可操作。

4.2.2.3.2　手工采矿、小型采矿合法化的需求与实效

在东非六国，与手工采矿、小型采矿相关的基础数据说明如下：

1. 农村人口占据多数，且农村贫困人口占比较高。

表1　东非六国农村人口中的贫困比例

国家	总人口	农村人口及比例	农村中生活在国家贫困线下的人口比例
布隆迪	1157.6万	1000.2万，86.4%	2004年，77.7%
肯尼亚	5221.5万	3785.6万，49.7%	2005年，49.1%
卢旺达	1279.4万	1058.1万，49%	2010年，48.7%
南苏丹	1326.3万	1062.4万，51%	2009年，55.4%
坦桑尼亚	6091.4万	3947.2万，49.5%	2011年，33.3%
乌干达	4571.2万	3455.8万，49.8%	2012年，22.4%

数据来源：African statistic yearbook，2019.

注：有些数据的年份较为久远，但已是非洲年报中更新到最新近的年份。

2. 基础设施的投入较少，建设成果不突出。

表2　东非六国基础设施建设情况

国家	对基础设施的投入总额（百万美元），2016年	总发电量（GWh），2017年	铺面道路	铁路总长
布隆迪	/	195	15%，2015年	/
肯尼亚	823.1	428	17%，2011年	2706KM，2014年
卢旺达	207.1	32	26%，2012年	/
南苏丹	33.1	14228	3%，2012年	/
坦桑尼亚	524.9	3454	23%，2015年	2707KM，2014年
乌干达	180.5	19860	21%，2017年	/

数据来源：African statistic yearbook，2019.

注：有些数据的年份较为久远，但已是非洲年报中更新到最新近的年份。

3. 移动通信建设较为落后，信息获取不及时，信息传播渠道不通畅。

表 3　东非六国 2017 年的移动通信情况

国家	每 100 名居民中装有主电话线的人数	每 100 名居民中的移动数据用户	每 100 名居民中的网络用户数	每 100 名居民中的固定宽带使用人数
非洲总体	3.5	81.8	25.4	1.7
布隆迪	0.22	54.5	5.59	0.04
肯尼亚	0.1	86.1	17.8	0.6
卢旺达	0.1	72.2	21.8	0.7
南苏丹	0.02	22.18	7.98	0
坦桑尼亚	0.2	69.7	16.0	3.2
乌干达	0.6	58.2	23.7	0.3

数据来源：African statistic yearbook，2019.

4. 公共卫生投入较低，医疗资源较少。

表 4　东非六国 2017 年的公共卫生投入情况

国家	对医疗卫生部门的投入，2016 年	卫生健康公共支出占比	每 1 万人的医生数	每 1 万人的护士数
布隆迪	/	/	/	/
肯尼亚	162.6 百万美元	5%，2018 年	2.4，2017 年	17，2017 年
卢旺达	79.3 百万美元	22.3%，2013 年	709，2014 年	8.9，2014 年
南苏丹	61.4 百万美元	1.9%，2018 年	24567，2018 年	1195，2018 年
坦桑尼亚	259 百万美元	11.2%，2013 年	0.1，2006 年	2.1，2013 年
乌干达	261.9 百万美元	8.9%，2017 年	2.9，2017 年	0.2，2017 年

数据来源：African statistic yearbook，2019.

注：有些数据的年份较为久远，但已是非洲年报中更新到最新近的年份。

除了农业，采矿业通常是贫困农村地区唯一的收入来源。[①] 由以上数据可以看出，东非六国的农村人口、农村贫困人口数量极大，手工采矿、小型采矿

① Leona Achtenhagen，Ethel Brundin（eds）. *Entrepreneurship and SME Management Across Africa*，Frontiers in African Business Research，2016，P170.

的确在一定程度上缓解了他们的经济困难情况；此外，手工采矿、小型采矿可以通过激发当地人的企业家精神，利用采矿的潜力，融入农村和国家经济，改善农村生计。因此，法律上的引导、规范确实很有现实上的需要，实现手工采矿、小型采矿的合法化和规范化的确是有必要的。然而，遗憾的是，卢旺达等国家目前对手工采矿还没有给予足够的重视，在最新的矿业立法中没有将手工采矿纳入规范的范畴，这也引得手工矿工的不满，因为这是国家对他们现在和未来的遗忘或忽视。[①] 另一个需要注意的问题是，虽然在矿业法中对手工采矿、小型采矿作出了规定，但却缺少与手工采矿、小型采矿管理需求、操作技术相关的更精细的规定，环境影响评估、环境影响缓解、监测和报告、环境审计和复垦技术、健康安全标准、处理相关事故等具体的规范均是空白，规范化的措施仍有待尽早出台。

在决定是否对本国的手工采矿、小型采矿合法化和规范化之前，有一些问题是应做好基础调研的：在该国的农村地区，有多少人口依赖手工采矿、小型采矿作为生计？手工矿工、小型矿工在当地是否有别的获得收入的机会？国家若将手工采矿、小型采矿整合到矿产行业，会对手工矿工、小型矿工的组织方式和生活方式产生什么影响？对不同的手工矿工群体的影响有什么不同？会给手工采矿、小型采矿与大型矿业公司之间的关系带来什么变化？手工矿工、小型矿工对更广泛的变革的反应是什么？

立法先行，投入是关键。从以上数据来看，东非六国财政收入不高，投入基础设施、公共卫生设施的部分也不多，如此一来，提高手工采矿、小型采矿的开放程度，帮助手工矿工、小型矿工掌握更多、更新的资讯从而开拓市场，帮助改善手工矿区、小型矿区的医疗状况，提升手工矿区、小型矿区居民的健康和卫生保障等，这些合法化、规范化预期目标的实现则需时更长。

再来看手工采矿、小型采矿合法化和规范化的实效。在乌干达，手工采矿、小型采矿在法律上的界定仍不是很清晰，因而，从手工采矿、小型采矿行

---

① *Rwanda Alters Mining Law*, *Pushing out Small Players*. https：//www. theeastafrican. co. ke/business/Rwanda – changes – mining – law – small – players – out/2560 – 4775050 – vdqri7z/index. html.

业提取政府收入是一项挑战。在坦桑尼亚，马古富力总统试图增加收入，例如下令在西曼区的米兰尼的坦桑尼亚采矿区周围修建一堵墙，迄今为止结果喜忧参半。[①] 在坦桑尼亚，还有一些人提出倡议，比如建立手工采矿、小型采矿的"卓越中心"[②]，界定手工采矿、小型采矿的专用特许权，以表明继续支持手工采矿、小型采矿的规范化，但目前仍未落在实处。[③]

4.2.2.4　对手工采矿、小型采矿的法律完善建议

对于手工采矿、小型采矿的合法化和规范化，有几点认识必须巩固的是：

一是手工采矿、小型采矿合法化和规范化的目标，其至少应做到明晰矿产产权，平衡土地所有权人与当地土著居民的权利，改善手工采矿、小型采矿的作业环境，维护手工矿工、小型矿工的健康和安全，维护妇女劳工的权利，消除矿产的非法交易，进而实现制度设计的效益、公平、正义的目标。

二是手工采矿、小型采矿合法化与规范化之间的关系。规范化的前提是合法化，合法化的目的是规范化，只有将手工采矿、小型采矿的矿业权纳入法律范围，才能真正有效地实现手工采矿、小型采矿的规范化。当涉及矿业权时，应当守住的前提是，土地使用权和矿产开发权不论对于手工采矿、小型采矿抑或是大型采矿而言，都是同等重要的。将手工采矿、小型采矿合法化时，必须同时考虑手工采矿、小型采矿的矿产权中的权属内容，包括专有权、转让和升级权、许可证的续期权、矿物加工权和按市场价格将产品商业化的权利。[④]

三是手工采矿、小型采矿合法化的时间跨度。东非六国各方面的基础薄

---

① Lyimo, J. *Why Tanzanite Miners, Buyers Meeting was Halted*, 2018, 7, 20. http://www.thecitizen.co.tz/News/Why－Tanzanite－miners－buyers－meeting－was－halted/1840340－4673344－11v16w8z/index.html.

② Jacob, T. *Tanzania's Formalization of Artisanal and Small－Scale Mining*, 2017. https://blog.nationalgeographic.org/2017/05/11/tanzanias－formalization－of－artisanal－and－small－scale－mining/.

③ Abel Kinyondo. *Christopher Huggins. Resource Nationalism in Tanzania: Implications for Artisanal and Small－Scale Mining*, The Extrative Industries And Society, 2019, 6, P181－189.

④ Barreto, M.L., Schein, P., Hinton, JJ., Hruschka, F. *Understanding the Economic Contribution of Small－Scale Mining in East Africa*, Pact UK. Project funded by the UK Department for International Development (DFID) through the Research for Evidence Division (RED), 2018, P1－16.

弱，经济、政治等各方面的支持、建设能力仍有极大的提升空间，要想实现手工采矿、小型采矿的合法化和规范化，这必然是一个长期而又艰难的过程，东非六国应在此认识的基础上寻找有效的方法来协调各级政府的关系。

在认可以上三点认识的基础上，东非六国手工采矿、小型采矿的合法化和规范化可从如下方面着手考虑：

手工采矿、小型采矿合法前的成本核算。为了最大程度地提高手工采矿、小型采矿对扶贫和经济增长的净经济贡献，需对合法化和规范化将耗费的成本进行完整核算。不受任何约束，其实也不受任何保护，其是有代价、有风险的，如果合法化和规范化的成本大于非规范的风险，手工采矿者、小型采矿者毫无疑问将自主地选择合法化和规范化，重要的是这个过程必须考虑到地理和成本限制。例如，要求一个矿工到首都去注册一个合作社，这是一个很长的时间成本障碍。因此，建议减少进入合法化和规范化的时间障碍，应以双赢的选择为指导，建立一个简单而迅速的行政程序。[①] 以双赢为指导，还有另外一层考虑，那就是行政成本的支出与税收收入的对比，政府应从如下角度寻求解决方案：矿工缴纳的税收更少，而政府则受益于增加正式采矿活动，从中收取矿区使用费。

手工采矿、小型采矿与大型采矿的分级管理。手工采矿、小型采矿规范化需要清楚地了解采矿部门的县域细分，以便将手工采矿、小型采矿与其他采矿活动区分开来。手工采矿、小型采矿的主管部门必须有足够的能力来监督手工采矿、小型采矿活动，地方或地区当局最适合执行这项任务。因为，行政管理部门与矿山的关系越近，官员们就越了解矿工，矿工接近当地政府的障碍就越少。[②]

手工采矿、小型采矿合法化后的各项支持。手工采矿、小型采矿合法化需

---

① Barreto, M. L., Schein, P., Hinton, JJ., Hruschka, F. *Understanding the Economic Contribution of Small – Scale Mining in East Africa*, Pact UK. Project funded by the UK Department for International Development (DFID) through the Research for Evidence Division (RED), 2018, P1 – 16.

② Thomas Hentschel, Felix Hruschka, Michael Priester. *Artisanal and Small – Scale Mining: Challenges and Opportunitie*, World Business Council For Sustainable Development, 2003, P5 – 13.

要伴随着有针对性的干预措施，以改善该行业的经济、社会和环境绩效。[①] 这需要政府、发展机构、民间社会组织和私营部门之间的协调。解决技术培训需求和提高矿工的业务技能至关重要，当地的小规模市场营销组织可以发挥关键作用，作为培训工作和提高认识运动的倍增器，将国家法律翻译成当地习惯规则，以促进手工采矿、小型采矿者对相关法律规范的了解。另一个关键建议是改善矿业公司进入市场融资和正规银行系统的机会，向合法和负责任的小规模生产企业提供融资服务以及业务培训和技术支持，可以使当地生产迅速增长。[②] 即便如此，仍会有许多小型矿业公司无法符合银行系统的要求，由此该行业很容易成为非正规金融行业的目标。因此，在加强储蓄和信用合作社的同时，可以鼓励银行业与小额信贷市场多接洽形成可选方案以提供扭转这一趋势的机会。

此外，妇女和儿童参与手工采矿、小型采矿的问题应有不同应对。在手工采矿、小型采矿的合法化和规范化过程中，应将妇女的参与机会纳入考量范畴，促进妇女在角色方面的转变，将使妇女能够获得更高质量的工作和更公平的福利待遇；而童工问题则需要提供充分和无障碍的教育机会来解决。[③]

总而言之，在可预见的相当长的一段时期内，手工采矿、小型采矿在东非六国仍然是一个解决农村人口就业和收入来源的重要途径，合法化和规范化对于国家来说有着无比现实且迫切的需要和意义，但碍于国家各方面的资源和能力有限，东非六国应形成一个基础认识——对手工采矿、小型采矿进行合法化和规范化是必然性的要求，但其的确是一个长期的过程，应结合各国实际情况，循序渐进、对症下药。

---

① Eleanor Fisher. *Artisanal Gold Mining at the Margins of Mineral Resource Governance*: *A Case from Tanzania*, Development Southern Africa, 2008, 2, P199 - 213.

② Barreto, M. L., Schein, P., Hinton, JJ., Hruschka, F. *Understanding the Economic Contribution of Small - Scale Mining in East Africa*, Pact UK. Project funded by the UK Department for International Development (DFID) through the Research for Evidence Division (RED), 2018, P1 - 16.

③ Barreto, M. L., Schein, P., Hinton, JJ., Hruschka, F. *Understanding the Economic Contribution of Small - Scale Mining in East Africa*, Pact UK. Project funded by the UK Department for International Development (DFID) through the Research for Evidence Division (RED), 2018, P1 - 16.

4.2.3 吸引外国投资

4.2.3.1 非洲矿业吸引外资的总体表现

在矿业经济的发展历史上，非洲国家经历了从国有到私有的较长发展过程。在二十世纪七十年代和八十年代初，许多第三世界国家对外国公司开发这些不可再生的国家资源持怀疑态度，当时的许多矿产政策和法律框架倾向于限制外国公司。① 于是，非洲许多国家对矿业公司不断收购或进行投资，并导致国家对矿产行业的参与和国有化程度不断提高。例如，在加纳，政府在二十世纪七十年代初对采矿业进行了近乎自治的控制。② 它最初购买了加纳国家矿业公司的所有矿业股权，并获得了当时该国最大的黄金生产商阿什安蒂的股份；到 1961 年，除位于布比亚斯和科农戈的矿山外，所有矿山都被国有化。1966 年，该国在 1972 年对奥布瓦西拥有控股权。同样，在埃塞俄比亚，尽管 1944 年通过了将采矿私有化的立法，但 1974 年，革命政府取消了采矿私有制，建立了一系列国有公司来开发该国的矿产资源。限制性矿产投资环境、经济不确定性和主权风险的结合促使许多潜在投资者将其利益转向更为政治稳定的北美洲和大洋洲。这一投资导致发达国家的矿山产量猛增，而发展中国家的国有经营则相对不足。在加纳，到 1982 年，即政府将采矿业国有化 10 年后，黄金产量下降到 277000 盎司，不到 1960 年 915000 盎司产量的三分之一。③

结构调整计划最终让非洲国家将矿业经济重新开放给外国投资者。在经济长期低迷之后，一些国家（如加纳、赞比亚等）寻求国外机构不同程度的财政援助，这些机构以萨普思的形式提供支持。由于外国的许多决策者将矿产资源开发视为解决困扰非洲国家经济困境的灵丹妙药，许多国家矿业公司强调取

---

① Morgan, P. G. *Mineral Title Management - the Key to Attracting Foreign Mining Investment in Developing Countries?* Transactions of the Institution of Mining ami Metallurgy' 111, 2002, P165-170.

② Acquah, P. C. *Government Environmental Regulations and Implementation in the Mining Sector*, Natural Resources Forum, 1994, 3, P193-206.

③ Gavin Hilson, James Haselip. *The Environmental and Socioeconomic Performance of Multinational Mining Companies in the Developing World Economy*, Minerals & Energy, 2004, 3, P25-47.

消采矿和金属加工业务。因此，国有企业被私有化，以促进外国投资的快速增长和提高经济效率、提高竞争力、提高产出和减少公共预算赤字。非洲国家政府开始相信，矿业私有化是一种通过税收和外汇从而最大程度地提取经济租金的方法，并能促进各行业之间的联系。① 此后，包括非洲国家在内的许多发展中国家都在努力建立有利的矿业投资环境。有学者更详细地总结了这种情况："到二十世纪九十年代，许多发展中国家正在重新审视或改革本国的政策，或已经实施旨在鼓励外国投资的修订，导致发展中国家之间对可利用的私人外国投资的竞争日益激烈。因此，有些国家正在制定矿产政策或修改矿业法律框架，目的是使本国比其他国家更具投资吸引力。"②

据统计，1985 年到 1997 年间，共有 90 多个国家颁布了新的采矿法规，修改了现有的立法，或正在起草新的矿业法。③ 例如，在加纳，政府通过了修订后的第 153 号《矿产和采矿法》，试图促进外国对采矿业的投资。法律特别规定：政府有权获得所有新矿业公司 10% 的股权，并有权额外购买 20% 的股权；公司税为 45%，如果回报率超过商定的水平，则适用额外的利润税；在运营的第一年所有生产前费用的完全资本化；提供优惠的摊销水平（第一年为 75%，之后为 50%），取消资本设备的进口税，以及对外汇利润保留津贴，以及小规模开采贵金属和宝石是完全合法的。马里和几内亚的矿业法是模仿加纳的政策制定的。在这两个国家，修订后的采矿法提供了 3% 的低特许权使用费，并为潜在投资者提供了许多激励措施，包括免除进口关税和其他部分税收。

有学者认为，政府对任何行业都有以下三个作用：吸引投资；作为立法者；确保整个国家从扩大的行业中获得经济利益。④ 在促进矿业经济的外国投

---

① Morgan, P. G. *Mineral Title Management – the Key to Attracting Foreign Mining Investment in Developing Countries?* Transactions of the Institution of Mining ami Metallurgy' 111, 2002, P165 – 170.

② Gavin Hilson, James Haselip. *The Environmental and Socioeconomic Performance of Multinational Mining Companies in the Developing World Economy*, Minerals & Energy, 2004, 3, P25 – 47.

③ James M. Otto. *A National Mineral Policy as a Regulatory Tool*, Resources Policy, 1997, 6, P1 – 7.

④ McKechnie, K. R. *Impact of Mineral and Fiscal Legislation on and Role of Governments in the Development of Mining Industries in Developing Countries*, in African Mining '95, Institution of Mining and Metallurgy, 1995, P353 – 362.

资中，非洲国家作了持续性的努力。

2018 年，流入非洲的外国直接投资总额虽然仍低于过去 10 年的年均水平（约 500 亿美元），但也达到 460 亿美元，增长了 11%。资金流动的增加主要是由于继续寻求资源的投资、在一些经济体中缓慢扩大多元化投资，以及投向南非的外国直接投资增加了一倍以上（从 20 亿美元增加到 53 亿美元）。[①] 在矿业吸引投资方面，非洲国家采矿、采石和石油行业的跨境并购与 2014 年相比，活跃程度有所下降；但是近五年来，非洲国家采矿、采石和石油行业吸收外国直接投资绿地项目总额均维持在较高水平，最高时达全行业吸收总额的四分之一。

4.2.3.2 东非六国吸引外资的现实需求

对于东非六国而言，经济发展缓慢、结构转型极为困难，国民总收入不高、政府财政赤字大、人民生活水平低下是他们经济发展的共同特点，因此，吸引外国投资、接受来自国外的官方援助具有非凡的意义。

第一，国民总收入不高。东非六国近年来致力于经济发展，肯尼亚、卢旺达、坦桑尼亚、乌干达的国民总收入在逐年提高，尤其是肯尼亚获得了长足的进步，南苏丹则因为经年内乱导致经济发展倒退不前。尽管已经取得较大的进步，但相较于全球的经济总量而言，东非六国所占份额仍小，在全球的国家总收入排行中除肯尼亚、坦桑尼亚排名较前，其余三个国家均在一百开外。

第二，人均国民生产总值低，人民生活困苦。东非六国的人均国民收入低下，国家整体的贫困率高，人民生活水平低下。东非六国的人均国民生产总值虽然在近些年有所提升，但在全球排行极为靠后，尤其是南苏丹，几乎都在倒数之列。

第三，政府财政收入不高，财政赤字大，开展工作捉襟见肘。东非六国的财政收入普遍不高，各项财政支出较大，因而财政赤字极大，有些年间财政赤字几乎是财政收入的一半之多。此外，肯尼亚、南苏丹、坦桑尼亚、乌干达每

---

① World FDI Report. 2018.

年获得国外官方发展援助的资金基本持平，均为2000百万美元左右，远不能弥补政府的各项开销；而布隆迪获得的援助更少，只有400百万美元左右。也正因为财政收入不高，投向教育、公共健康方面的支出自然也不多；2018年，肯尼亚的教育支出、健康支出分别占16.1%、5.0%；卢旺达的教育支出、健康支出分别占19.4%、22.3%；南苏丹的教育支出、健康支出分别占9.4%、1.9%；坦桑尼亚的教育支出、健康支出分别占17.2%、11.2%；乌干达的教育支出、健康支出分别占0.1%、8.9%。①

4.2.3.3　吸引外资的矿业法调整及实效

如上所述，东非六国本身财政收入低，国际的援助金额对于庞大的国家运作而言只是杯水车薪，若想推动经济发展，必须启动国内发展的引擎，东非六国的矿产资源储备丰富，对外国投资者应具有较大的吸引力，因而，东非六国纷纷把筹码压在了矿产行业上。有学者认为，矿业权管理体系是吸引外国投资的矿业法律因素里面最为重要的一个，而有效的矿业权管理体系应具备如下关键特征：现代化的采矿地籍或测量；清晰、公开及可记录的矿业权申请程序；合理的权利期限的长度和持续性；充分的矿业权和土地使用权；合理明确的公司义务和报告性要求；矿业权的暂停、取消要求明确；矿业权的可转让性；矿业权管理的高效、透明和负责任。② 为了吸引外国投资，东非六国对矿业法律作出了如下调整：

肯尼亚2016年《矿业法》对矿业权的种类作了较为全面、综合的规定，将大型的、小型的、手工的矿业活动全部作了分类和规定，还提供了保留许可证作为缓冲和补充；矿业权的暂停、取消、可转让性等都作出了规定。为了提供有效的行政管理，肯尼亚在矿业部下特地成立了矿产局和地质局，还建立矿业权委员会以给矿业部长在审批矿业权申请时提供专业性的建议；此外，肯尼亚还建立矿业地籍处网站，要求矿业权的所有申请均在网上进行，并可查询已

---

① 数据整理自非洲年报 African Yearbook2019.

② Morgan, P. G. *Mineral Title Management – the Key to Attracting Foreign Mining Investment in Developing Countries*? Transactions of the Institution of Mining ami Metallurgy' 111, 2002, P165 – 170.

有的矿业权情况，以此来增加矿业权管理的透明度和可预期性。

卢旺达新修订的2018年《矿业法》对矿业权类型进行了修改，取消了手工采矿许可证而新增了中型采矿许可证和矿产交易许可证、矿产加工许可证，并且对采石许可证作了更细致的划分，分为非商业性的采石许可证、商业性的小型采石许可证和工业采石许可证；细化了转让矿业权的申请要求和处理要求；细化了放射性矿物的作业要求；规定了违反矿业法相关规定的罚则。

南苏丹2012年《矿业法》对于矿业权的分类及管理等方面，仅就规定而言都是较为全面的。

坦桑尼亚2017年对矿业法的修改集中在强调了加强政府相关部门对矿业矿产的管理，创设了矿业委员会、规定了矿业委员的各项职责，成立了地质调查局、地质调查局下设的国家矿产资源数据银行、矿业地籍处（同时设立地区的矿业地籍办公室）、国家金矿和宝石保护局、政府矿产品仓库；矿业权申请中增加诚信保证书和本地内容计划；对矿业权相关信息的披露作出了规定；提高了特许权使用费的比例。2019年对矿业法进行的修改主要集中在增设了进口矿产许可证，小型矿主所有或者经营的矿藏、尾矿被规定为经营性商品。

从以上国家对本国矿业法大刀阔斧的改革可以看出，东非六国并没有试图通过放宽企业进入本国矿产行业进行投资的环境、税收标准来吸引投资者，而是寄希望于透明、有效的矿业活动行政管理。然而，近年来东非六国获得的外国直接投资数额并不大。从整个非洲国家占比来看，不论是获得外国直接投资数额最多的坦桑尼亚，还是排名次之的肯尼亚，它们获得的外国直接投资数额在非洲整体数额中都占比极少；2013年对于东非六国吸引外国投资而言是个高峰期，是近些年获得外国直接投资数额最多的一年，此后几乎都是呈下降趋势，肯尼亚甚至在2016年出现跳水式的锐减。

由此看来，东非六国寄希望于矿业法律的调整从而吸引更多的国外投资的这一目标追求目前并未顺利实现。

4.2.3.4 对吸引外资的法律完善建议

矿业活动与其他的商业活动相比，除了众所周知的资本密集度高的特点外，还存在劳动强度低，提前期长，高风险，不可再生资源、资源的寿命有限，动荡的交易市场，投资回收迟等明显影响国际投资的特点。矿业公司在最初确定勘探和开发的目标时，全世界有许多可供选择之地。在理想的情况里，投资将流向拥有最丰富和最高品位矿产储存的国家。然而在实践中，许多资源储量丰富多样的国家却没有吸引并留住很多的国际投资。由此可以看出，地质禀赋对于吸引投资而言是个必要条件，但却不是一个充分条件。① 除地质禀赋外，还有许多其他因素影响着投资决策。结合采矿业自身的特点，很多学者对于影响采矿业国际投资的因素作了研究和分析，比如奥托认为外国直接投资矿业涉及的因素有六十多个，这些因素分为地质、政治、监管、营销、财政、货币、环境及社会、运营、利润九类。② 而莫里塞特认为通过贸易自由化改革开放经济、启动一项具有吸引力的私有化计划、使矿业和投资法规现代化、加入国际条约等行动在很大程度上影响着外国直接投资矿业的战略。③

如前所述，为了吸引更多的外国投资，东非六国几乎不约而同地选择了改革本国的矿业法这一道路。然而，在过去三十年中，有一百多个国家修改了其采矿和相关的规章制度，但政策和监管变化并没有自动导致投资者风险的降低。改善监管本身也并不会自动吸引更多的外国投资。④ 除地质潜力外，影响矿业投资的因素几乎都与矿产政策、法律、监管和财政制度有关。⑤ 对于东非六国而言，矿产资源的潜力从来就不是问题所在。以下从总体商业环境和投资者信心、矿业权管理体系、财税制度、基础设施等方面分析东非六国未能较大吸引国际投资的症结所在。

---

① Vlado Vivoda. *Determinants of Foreign Direct Investment in the Mining Industry*. In：T. O' Callaghan，G. Graetz（eds.），Mining in the Asia－Pacific，Springer，2017，P19－33.

② James Otto，Dundee Univ. *Criteria for Assessing Mineral Investment Conditions in Mineral Investment Conditions in Selected Countries of the Asia－Pacific Region*，New York：United Nations，1992，P6－34.

③ Morisset，J. *Foreign Direct Investment in Africa：Policies also Matter*，World Bank Policy Research Working Paper，No. 2481，1999，9. http：//papers. ssrn. com/sol3/papers. cfm? abstract_ id＝632551.

④ Vlado Vivoda，*Determinants of Foreign Direct Investment in the Mining Industry*. In：T. O' Callaghan，G. Graetz（eds.），Mining in the Asia－Pacific，Springer，2017，P19－33.

⑤ Morgan，P. G. *Mineral Title Management －the Key to Attracting Foreign Mining Investment in Developing Countries*? Transactions of the Institution of Mining ami Metallurgy' 111，2002，P165－170.

总体商业环境和投资者信心方面。抛开地质潜力不谈，形成一种政治和经济的良好氛围，增强投资者信心，这或许是采矿业或任何行业吸引外国投资的主要因素。[①] 和发达国家或某些发展中国家相比，人们似乎认为，东非六国无论在现实中还是想象中，都是一个风险很大的投资场所。这就意味着，与其他领域的类似投资相比，补偿感知风险的回报必须很高方能促成外国投资的进入。如果目的是促进外商直接投资，那么建立投资者商业信心的任务必须从国家一级开始进行形象建设。一个国家的整体吸引力最终取决于一国的政治稳定，政府在金融、税收和贸易方面的总体经济政策，以及为应对经济问题而正在进行的结构调整等方面。为了进一步减轻政治风险，有必要提供无补偿国有化的担保，并以合理的条件保护股息和资本的遣返。此外，在许多矿产协议中，投资者要求保证谈判的制度不会改变，即让他们应该免除一般立法变更的干扰。这些方面在矿产协议中称为稳定条款。各国政府之间的投资担保协议几乎已成为欢迎外商直接投资的有形表达。东非六国目前正处于经济结构调整的关键节点，既想引资又想在外资公司上分得更多利益的举动异常凸显；法律、政策在短短数年间几经变动，政策理论上应有的确定性、稳定性在东非六国中似乎不是一个应有的特征，几乎让人无所适从；稳定条款似乎与国家要发展的强烈要求相冲突，频繁的协议审查使得稳定条款也变得不那么稳定了。这些对于东非六国的形象、投资者信心的建立都是消极因素。

矿业权的法律规定方面。在投资之前，矿业公司需要尽可能多地保证投资的安全性，特别是考虑到采矿投资涉及不可逆的巨大沉没成本。[②] 这基本上就是期限安全的概念，外国矿业投资者认为这至关重要。期限安全主要反映在两个方面，第一个方面是授予权利的稳定性和连续性。比如矿业权的期限、暂停、转让、取消和更新等方面的规定，以及最低工作和支出承诺、强制性放

---

① Raj Kumar. *Policy Reform to Expand Mining Investment in Subsaharan Africa*, Resource Policy December 1990: 242 -255.

② 沉没成本是指由于行业特定特征而无法通过转让或出售完全收回的投资。Barham B., & Coomes, O. *Sunk Costs*, *Resource Mining Industry*, *and Development out - comes.* In P. Ciccantell, D. Smith & G. Seidman (Eds.) Nature, raw materials, and political economy, Emerald Group Publishing Limited, 2005, P159 -186.

弃、报告和计划归档等要求政府的干预要求。这些内容将作为矿产协议的条件包括在内，并且与矿业权管理程序密切相关。第二个方面与第一个方面紧密相连，指的是授予矿业权的时间长度，也与实际所需的时间有关。这被称为“监管时间困境”①。东非六国虽然在矿业法律、法规的规定上较为全面，矿业权的种类划分清楚，矿业权既可以转让也可以暂停还可以更新，但关于矿业权的期限、矿业权的审批时间方面与同处非洲大陆却是矿业国际投资吸收大户的加纳却明显缺乏竞争力。矿业权类型中影响最为深远的是采矿许可证及其期限。肯尼亚、卢旺达、南苏丹、坦桑尼亚和乌干达对于采矿许可证（或采矿租约）的期限分别是20年、15年、25年、10年、21年，而加纳的采矿租约期限长达30年。此外，加纳还对采矿租约的稳定性作了明确的规定，规定矿业部长可与矿业权人签订稳定协议，约定采矿租约可以在约定的期限内不受新出台的成文法、行政命令等的影响，亦不受成文法、行政命令等的变更影响，而东非六国对此并没有作出规定，并且近几年因为矿业改革的需要经常对已经签订的采矿租约进行审查，撤销曾经签订的租约或者此前发放的采矿许可证。② 这种做法无疑极大地增强了矿业权的不确定性和不安全性，使得投资者无法产生对矿业权的期待，无法确信自己历经辛苦得到的矿业权是值得自己花大代价去投资的。另外，在矿业权申请的处理时间上，东非六国的时间通常在60到90天，加纳的处理时间为60天，且加纳在延展矿业权的时间上给予了更宽松的时间安排。

矿业活动行政监管方面。资源丰富的国家如果旨在增加外国资本流入采矿业，管理外国采矿投资的监管制度执行则至关重要。吸引外国矿业投资需要政府政策的优惠和一致性，以及有效的监管和财政制度。③ 许多系统性、地质性

---

① James Otto. *Mineral Sector Regulation and Capital Investment*, Paper presented at Workshop on mining legislative frameworks in Asian countries, 1997, 7, P22 -25.

② 坦桑尼亚于2017年通过《自然财富和资源（永久主权）法》《自然财富和资源（审查和重新谈判不合理条款）法》，里面规定议会有权允许政府重新审议任何被认为不平等的和包含不合理条款的协议。这一条规定被认为是导致坦桑尼亚矿业权不确定、不安全的极大来源。

③ Vlado Vivoda. *Determinants of Foreign Direct Investment in the Mining Industry*. In: T. O' Callaghan, G. Graetz (eds.), Mining in the Asia - Pacific, Springer, 2017, P19 -33.

的风险是政府无法控制的，但是各国政府可以通过建立明确的监管结构来确保“期限安全”，从而满足投资者的决策标准，进而提高矿业投资的可能性。[①] 政府的行政监管效力，取决于公共供给和监管机构的质量、政府决策的可信度，以及公务员的行政能力。[②] 过于复杂的行政、监管程序，将会导致无效的治理，同时也会阻碍国外矿业投资的流入。此外，政府各部门，如能源部门、自然资源部门、采矿部门、环境部门间监管责任的重叠也可能导致对外国直接投资监管权限的不明确。[③] 为了加强对矿业活动的行政事务处理、行政监管，东非六国陆续新设了矿业委员会、地质调查局、矿产局、矿产交易中心等部门，然而问题在于各部门层级之间的职责划分不清，部门的工作人员业务能力不强，行政部门里缺乏训练有素的执行法院，如南苏丹的县级地质部门工作人员就不能为当地的矿业公司提供社区发展协议方面的指导。[④] 此外，如何加强政府部门之间的高度合作，或者形成监管流程的“一站式服务”[⑤]，减少各项审批的时间和成本，这是东非六国在行政监管方面应予以考虑的问题，因为这同样也能产生极强的鼓励投资效果。而在监管的透明度方面，东非六国仍有很大的进步空间，腐败、寻租在政府部门中是经常出现的现象，有调查研究就指出腐败、监管不善和政治精英的干涉阻碍了高质量的投资，使乌干达的采矿业和国家环境面临风险。[⑥]

财税制度、外汇政策方面。勘探、采矿活动涉及高成本，项目的盈利情况

---

① James Otto. *The Competitive Position of Countries Seeking Exploration and Development Investment*, Society of Economic Geologists, Special Publication, 2006, 12, P109 - 125.

② Jalilian, H. Kirkpatrick, C., Parker, D. *The Impact of Regulation on Economic Growth in Developing Countries: a Cross - Country Analysis*, World Development, 2007, 35 (1), P87 - 103.

③ Globerman, S., Shapiro, D. *Global Foreign Direct Investment Flows: the Role of Governance Infrastructure*, World Development, 2002, 9, P1899 - 1919.

④ Jeroen de Zeeuw. *Minging In South Sudan: Opportunities And Risks For Local Communities*, Baseline Assessment Of Small - Scale And artisanal Gold Minging Central And Eastern Equatorial States, 2016, 3, 8, P30 - 33.

⑤ Globerman, S., Shapiro, D. *Global Foreign Direct Investment Flows: the Role of Governance Infrastructure*. World Development, 2002, 9, P1899 - 1919.

⑥ Global Witness. *Undermined: How Corruption, Mismanagement and Political Influence is Undermining Investment in Uganda's Mining Sector and Threatening People and Environment*, 2017.6.5. https://www.globalwitness.org/en/campaigns/oil - gas - and - mining/uganda - undermined/.

可能受到政府财税制度的影响。一般来说，简单、稳定、可预测、透明、公平、高效和具有竞争力的资源税收制度将更容易得到外国矿业投资者的青睐。[①] 对于矿业公司来说，税收的总体水平，包括特许权使用费和税收优惠（如免税期），影响着开发新项目的决策。在其他因素都相近的情况下，矿业公司显然更倾向于投资低税收管辖区。此外，在决定投资地点时，矿业公司会考虑财税制度的稳定性，由于大多数矿业项目的生命周期较长，这一要求从长远来看可能对公司的利益影响最为深远，从而凸显其重要性。在这点上，东非六国对矿业公司的税种、税率并没有太多优惠，甚至在特许权使用费这项上，近年来都有提高的表现。[②] 另外，外汇政策是矿产协议的一部分条款，但它已被列为影响矿业外国投资的一项重大政策。[③] 东非六国的一个共同特点是存在汇率管制，由于各种经济和社会原因，这些管制允许各国维持不同于在自由市场中操作的汇率。在某些情况下，控制汇率的目的是为了应对对超额利润的批评，有时是防止外国投资者剥削经济租金，有其效用所在。问题在于外汇管制不仅影响利润和资本的汇出，还影响着许多其他的外汇项目，比如进口外币、外币收支、在东道国以外开设外币账户、使用本国货币和外籍人员外币安排等，这些项目都是影响国际投资的因素。而对比加纳、津巴布韦吸引外资的成功经验就会发现，放松对出口导向型公司的管制是有利的，这些公司在外汇方面自给自足，同时也为该国带来收益，加纳也的确在矿业法等法律法规上明确规定了对大型采矿公司的外汇优惠措施。东非六国应提高对汇率管制政策的认识，深入分析其利弊所在，更好地运用外汇政策。

基础设施建设方面。正如有学者指出，基础设施质量对经济的所有领域都有普遍影响。低质量的基础设施和有限的运输和贸易服务增加了物流和交易成本，使竞争优势丧失，并限制了农村生产和人们进入市场，对经济活动和贫困

① Saidu, B. *How Taxes, Royalties, and Fiscal Regime Stability Affect Mining Investment: a Comparison of Niger and Indonesia*. The Journal of Structured Finance, 2007, 3, P105 - 111.

② 坦桑尼亚2017年矿业法的修改内容之一就是提高特许权使用费的比例，全部提升至6%。

③ Raj Kumar. *Policy Reform to Expand Mining Investment in Subsaharan Africa*, ResourcePolicy, 1990, 12, P242 - 255.

产生不利影响。[①] 二十世纪后半叶，世界银行是发展中国家基础设施项目的主要资助者，它认为适当的投资可以通过提高生产力促进经济增长。到目前为止，基础设施对于经济发展的重要贡献已无需赘述。研究非洲发展的学者们也通过大量的实证研究证明，基础设施不足或功能失调已严重阻碍了非洲许多国家的增长。[②] 如在坦桑尼亚，与大宗商品矿相比，黄金矿的总出口量很少，原因在于坦桑尼亚黄金价格居高不下，而导致如此局面，基础设施就是其中一个原因，因为在铁路、公路或港口延误出口会增加货物费用，另外矿业公司还必须大力投资发电和供电，以确保其运营不会因能源覆盖不足而面临风险。[③] 这对于矿业公司而言也是一项沉重的负担。另外，同属东非六国的布隆迪和卢旺达亦有大型公司在寻找大型采矿项目，而矿业公司却表示缺乏基础设施或其功能失调状态通常是他们的项目障碍。由于从这些矿产资源地到海岸的距离非常近，而且需要基础设施网络来处理高吨位的出口产品，因此所谓的“硬”基础设施对他们来说非常重要。[④] 在基础设施建设方面，东非六国的共同点在于基础设施都很薄弱，据非洲发展银行的《非洲基础设施报告》统计显示，在2018 年包括运输、电力、网络等方面的基础设施综合指数排行榜中，肯尼亚、卢旺达、乌干达、坦桑尼亚、南苏丹的基础设施建设指数分别排在非洲 54 个国家和地区中的第 18、26、27、43、53 位[⑤]，肯尼亚在东非六国中拔得头筹是因为蒙内铁路的开通运行。此外，东非六国对基础设施的投入并不多，尤其是

---

① Escribano A, Guasch J, Pena J. *Assessing the Impact of Infrastructure Quality on Firm Productivity in Africa*, Policy Research Working Paper 5191, World Bank, 2010.

② Khadarooa J, Seetanah B. *Transport Infrastructure and FDI: Lessons From Sub – Saharan African Economies*, Paper delivered to the 2007 African Economic Conference, 2007. http: // www. uneca. org/aec/documents/Jameel%20Khadaroo_ Boopen%20Seetanah. pdf on 3 April 2011.

③ Glen Robbins, David Perkins. *Minging and Infrastructure Development on Africa' s East Coast: Examining the Recent Experience of Tanzania and Mozambique*, Journal of International Development, 2012, 24, P220 –236.

④ Alvaro Escribano, J. Luis Guasch and Jorge Pena. *Assessing the Impact of Infrastructure Quality on Firm Productivity in Africa*, Policy Research Working Paper 5191, World Bank, 2010.

⑤ African Development Bank. *The African Infrastructure Development Index* 2018. 2018, 7, 27. https: //economic – policy – forum. org/global – news/africa – insfrastructure – development – index – 2018/.

采矿活动中需要建设的基础设施，往往将此项责任转移至矿业公司。在一些学者的访问调查中，矿业公司就谈到，尽管它们可以为这类基础设施作贡献，但协议中承诺的基础设施规模需要许多利益相关者共同努力才能让融资可行，并且在建成后应建立使用门槛，使投资值得并有所回报。而所在国的政府官员却表示，他们可以参与基础设施项目建设的区域规划过程，但不会启用国际资金来推动这些高成本项目，最好是投资者能自行解决这些问题。① 这对于欲投资的矿业公司而言，又是一大难题。

对于东非六国而言，在国际收支逆差、新借款受限的情况下，东非六国需要鼓励外国投资来扩大矿业活动并为其注入新的技术。但是，国际社会对东非六国的总体印象并不佳，全球市场对投资基金和市场份额的竞争日益激烈，其政府必须积极应对改变外商投资环境的各种挑战。为此，东非六国政府应建立适当的制度结构以快速应对日益增长的投资需求，并采取一些可行的、有效的策略，包括建立公开、易得的基本地质知识，培养一支业务精炼且高效务实的矿业管理队伍，放宽对有关所得分红和资本汇款的外汇规定等增强本国矿业的投资吸引力。

4.2.4　促进经济包容性增长

4.2.4.1　促进经济包容性增长的难题提出

在发展中国家，采矿业的影响都存在相当大的争议。大力支持采矿业发展的一派强调采矿对下游当地工业、集群形成、创造就业机会、推动技术创新和进步、增加国家大量收入，这是显而易见的。② 支持者还以加纳为例，认为在加纳，采矿业是一个明星，采矿业的外国直接投资增加、矿产产量和出口增

---

① Glen Robbins, David Perkins. *Minging and Infrastructure Development on Africa's East Coast: Examining the Recent Experience of Tanzania and Mozambique*, Journal of International Development, 2012, 24, P220 - 236.

② Buitelaar RM. *Mining Clusters and Local Economic Development in Latin America*, *Industry and Technology Unit*, *Division for Production*, Productivity and Management, Economic Commission for Latin America and the Caribbean, 2001, P112 - 124.

加、矿产勘探增加，直接对国家发展和减贫作出了实质性的贡献。[1]

另一派的观点则认为采矿业发展所带来的负面影响极其巨大，并不是每个国家政府都有能力承受和解决的。譬如在刚果民主共和国，采矿业就被认为对当地居民造成的痛苦大于财富，当地社区经常被迫承担采矿业带来的负面影响，但从开采活动中获得的收入却并不多。[2] 值得注意的是，“资源诅咒”的观点在这里尤为突出，他们认为拥有大量自然资源的国家往往遭受低增长率、高经济波动性、腐败等负面问题，有时还遭受破坏性的国内冲突。[3] 此外，尽管采矿业让东道国获得了短期收益，但其造成的不利后果对许多国家也许是长期而深远的，比如经济结构的难以调整、出口结构对原矿的严重依赖、环境治理的沉重代价、矿产资源取尽后的行业无可替代等。[4] 而原因的探讨，有指向税收政策的，批评者认为矿业公司通常获得过多的税收补贴和特许权，而且矿业公司的避税率很高[5]，再加上制度薄弱，不足以确保税收合规，其结果是减少矿产资源租金对国家发展的贡献。在加纳，就有批评者认为过度膨胀的税收优惠和对矿业投资者的激励，几乎没有为国家发展留下可见的余存收益。[6]

不论争论的依据为何，有几个基本事实所带来的疑问是确实存在且亟须解答的：

第一，不论如何强调企业社会责任或者可持续发展，一个不争且无法改变的事实是，从本质上讲，矿业本身就不是一种可持续的活动。它涉及消耗不可

---

① Akabzaa T. *Mining in Ghana: Implications for National Economic Development and Poverty Reduction*, In Bonnie Campbell (Eds.), Mining in Africa: Regulation and Development, Pluto Press, 2009, P25 -65.

② Campbell B. *Conclusion: What Development Model? What Governance Agenda?* In B. Campbell (Ed.), Mining in Africa: Regulation and Development. London: Pluto, 2009, P243 -260.

③ World Bank. *Treasure or Trouble? Mining in Developing Countries.* Washington DC: World Bank and International Finance Corporation, 2002.

④ ICMM (International Council on Mining and Metals). *The Challenge of Mineral Wealth: Using Resource Endowments to Foster Sustainable Development: Synthesis of Four Country Case Studies.* London: ICMM, 2006.

⑤ Campbell B. *Introduction.* In B. Campbell (Eds.), Mining in Africa: Regulation and Development. London: Pluto, 2009, P1 -24.

⑥ ICMM (International Council on Mining and Metals). *Ghana: Sowing the Seeds for Action.* London: ICMM, 2008.

替代的自然资源，自然资产的耗竭反过来又带来了一些挑战。虽然人类很可能在海洋下或以前认为没有矿产资源的土地上发现新的财富来源，但采矿活动仍然涉及有限资源的消耗。以目前开采资源的速度，东道国还有多长时间可继续采矿活动？此外，通过开采矿产，矿业公司实际上减少了东道国的实际矿产财富。如果将这些未开采的矿产视为储蓄，它们作为资产可能吸引更高的价格、可以更有利的方式加以利用，那么它们在地下的价值可能更高。[①] 于是不得不发问，东道国在开采这种不可再生、不可替代甚至日后绝无仅有的矿产财富时得到了应有的补偿了吗？

第二，总体而言，采矿业为周围社区的运营提供了边际贡献，但不容忽视的是，非洲出口的矿产品虽然出口量大，但大多是原矿或矿石，附加值低，因而非洲国家的矿业与其他经济部门的整合程度不高，与其他经济部门的前向或后向联系不紧密，对促进本地区工业和经济发展以及就业的贡献方面作用有限[②]；虽然矿产行业近年来增速较快，但一直以来对国内生产总值的贡献都较低。如何让矿业活动恰当地增强与其他经济部门的联系、推动其他经济部门更大的增长？

第三，非洲国家自然资源丰富，但却不是一定自然贫穷，所谓的“资源诅咒”并不是必然现象。然而要注意的是，矿业公司的进入提升了东道国的矿产开采、扩大了矿产品的出口，然而不利的影响也随之而来了，那就是出口提取的资源财富产生了外汇收益，往往会提高当地货币的价值，汇率的上涨将加强因工资上涨以及与项目建设和运营相关的其他国内成本而导致的竞争力下降，与此同时，其他出口商的竞争力就相对减弱了，更难以在世界市场上进行竞争了。海外净收入（出口增长或进口下降）的剧增、持续增长从而引发了经济的结构性失衡，虽然这不是自然资源投资的必然结果，但即便是在基础广泛的成熟经济体中它都是一种风险，更不用说在低收入发展中国家了。如何破

① Stiglitz, J. E., Sen, A., & Fitoussi J. *Mis - measuring our Lives: Why GDP Doesn't Add up*, The Report by the Commission on the Measurement of Economic Performance and Social Progress, 2010.

② 李娜，高延光.《非洲矿业转型步步为营》,《中国国土资源报》2014年5月17日，第003版.

解因矿产出口而导致的汇率升值和传统工业衰退的“荷兰病”①？

第四，矿业公司对企业社会责任和可持续发展的日益承诺，几乎没有改善矿业公司运营的事实。与其他从事采掘业的公司一样，矿业公司通常位于特定的环境中，这些道路通常崎岖不平，整体远离城市中心，未能很好地融入省或国家的商业网络。即便矿业公司为了履行其企业社会责任承诺，在建立医疗诊所、修建学校、提供奖学金和鼓励当地企业的同时，也投资于各种社会项目和当地社区项目，采矿场地仍然是孤立的飞地。矿场的关闭、矿业公司的撤离只是迟早问题，而对于当地民众而言，生计却是永远的需求。如何切实让矿业公司的采矿活动给当地民众带来实际且长远的利益？

在非洲国家，矿业还与冲突、寻租、腐败高度关联，经济结构调整、转型还在艰难前行，农村贫困率仍居高不下，环境污染问题层出不穷，如何能有效地利用矿业的发展增大矿业对经济、社会的贡献，进而实现包容性的经济增长是个重要的提问，也是非洲国家迫切想要得到答案的问题。

4.2.4.2 矿业对东非六国的经济、社会贡献

自二十世纪九十年代实行矿业私有化、自由化以来，东非六国的矿业活动愈发活跃，行业发展极为迅速，除布隆迪和卢旺达有个别年份是负增长以外，其余国家的采矿业均以较高速度增长；出口方面，矿产品的出口为东非六国的出口总量作出极大贡献。东非六国中矿业发展最引人注目的是坦桑尼亚。近年来，矿业已成为坦桑尼亚增长最快的产业，也是出口创汇第一大产业。1999 年，矿业产值为 858 亿先令，占 GDP 比重已由 1998 年的 2% 提高到 2.1%，2001 年达到 2.3%，2007 年达到 2.7%。2012 年，坦桑尼亚矿业产值增长 7.8%，首次超过国内生产总值 6.7% 的涨幅。根据国际商业监测机构（BMI）的预测，未来几年坦桑尼亚矿业年增长率将继续保持在 7.7% 左右。而根据坦桑尼亚国家发展远景规划，到 2025 年，坦桑尼亚矿业年产值将达到国内生产总值的 10% 左右。

① 在荷兰新建立天然气工业后，新建立的资源项目的出口获得收益，然而却出现普遍存在原有工业部门活动减少、国家整体竞争力下降的现象。这种现象经研究发现，普遍存在，因此被称为“荷兰病”.

其矿产品出口额增长也很快，1999年、2000年、2001年、2005年矿产品出口额分别为7330万美元、1.78亿美元、3.12亿美元、7.28亿美元，至2007年矿产品出口额增加到10.03亿美元，比2001年增长了约222%，其中以金和贵金属宝石为主的矿产品在高峰期曾占其出口总额的半壁江山。①

矿产行业在东非六国对经济的贡献是有目共睹的，与此同时，东非六国政府亦是对矿产行业拉动国内增长寄予厚望。在卢旺达《2020年远景规划》中就提到了采矿业，并为采矿业设定了三个目标：提高该行业生产率、到2020年创建三个工业矿山以及刺激和增加采矿投资。预计矿产行业收入要达到5亿美元，从而创造更多的就业机会。②

此外，矿业对于经济贡献的另一直观体现就是矿业贡献指数。在矿业和金属国际委员会2018年新公布的第四版矿业指数排行榜中，让人意想不到的是，布隆迪整个国家的贡献指数得分极高，在全球182个国家中排名第28名，较之2016年前进了23名，肯尼亚、卢旺达、坦桑尼亚、乌干达分别排在第54、48、44、59名。由此也可以看出矿业对于东非六国而言的重要性。

在创造就业方面，据统计，在卢旺达，采矿业2015年的雇佣人数大概有5万人，此外手工采矿、小型采矿还直接雇用了2万名至3.5万名受教育程度较低的人。③ 在坦桑尼亚，2007年从业人员超过50万人。④ 薪酬方面，因东共体各国均没有矿产行业的年度报告等形式的文件发布，无法获得东非六国矿产行业从业人员的薪酬情况。因此，从已有的数据来看无法对就业、减贫等方面的贡献作出有直接关联的分析，但从总体来看，布隆迪、卢旺达、坦桑尼亚、

---

① 袁杨森，魏振国，杜学良.《浅议坦桑尼亚矿业开发机遇与挑战》，《世界有色金属》2016年第2期.

② Bideri Ishuheri Nyamulinda, Alice Karema Gaju. *Export Performance of SMEs in the Rwandan Mining Sector: Challenges and Prospects*. In: Leona Achtenhagen, Ethel Brundin (eds.), Management Challenges in Different Types of African Firms, Springer (Singapore), 2017, P205－219.

③ Bideri Ishuheri Nyamulinda, Alice Karema Gaju. *Export Performance of SMEs in the Rwandan Mining Sector: Challenges and Prospects*. In: Leona Achtenhagen, Ethel Brundin (eds.), Management Challenges in Different Types of African Firms, Springer (Singapore), 2017, P205－219.

④ 袁杨森，魏振国，杜学良.《浅议坦桑尼亚矿业开发机遇与挑战》，《世界有色金属》2016年第2期.

乌干达的失业率较低，南苏丹在六个国家中其失业率是最高的，这无疑是内乱的原因。肯尼亚的失业率次之，但也呈现出逐年下降的趋势。而在贫困程度方面，布隆迪和南苏丹有将近三分之二的人口生活在国家贫困线下，肯尼亚、卢旺达生活在国家贫困线下的人口亦有超过三分之一，乌干达贫困程度稍轻，但也超过五分之一。而对照国际标准则贫困程度更为严重，布隆迪接近四分之三的人口属于贫困，卢旺达超过一半的人属于贫困，乌干达和肯尼亚的情况略微好些。东非六国贫困率高，同时贫富差距还较大，其所在国的基尼系数均较高。

4.2.4.3 包容性增长的法律规定及实行效果

如前所述，东非六国都极为重视矿产行业的发展及其对本国经济的贡献，而结合矿产行业在东非六国的具体表现来看，虽然矿产行业本身发展迅速，但其为国民经济发展所作的贡献与国家所寄予的厚望并不相称，东非六国都曾许过矿业要成为占国民生产总值10%的行业愿景，但这么多年过去，此目标仍然没有实现。在东非六国中，矿产行业的总体表现概括就是，“矿业并没有从根本上发挥起经济引擎的功能，联动效应不强”①，甚至一定程度上剥夺了其他经济部门的发展机会。而稍加注意即可发现，虽然矿业在东非六国的出口总额中份额较大，但出口的矿产品70%、甚至90%都是初级产品（原矿或者矿石），矿产品贸易结构单一且高度集中，未能使所在国的国际贸易和经济多样化。② 尤其是坦桑尼亚，在这点的表现上尤为突出。

然而已有的调查研究表明，这种类型的贸易不会产生巨大的附加值或足够的就业机会，并且会增加各国在国际外生冲击中的风险敞口。③

① 徐秀丽，高逸旸，等.《是“资源诅咒”还是“制度诅咒”？——坦桑尼亚矿业及其发展》，《资源与产业》2014年第4期.

② Steve Loris Gui - diby, Mary Francč Oise Renar. *Foreign Direct Investment Inflows and the Industrialization of African Countries*, World Development Vol. 74, 2015, P43 - 57.

③ 联合国非洲经济委员会（United Nations Economic Commission for Africa, UNECA）. *Making the Most of Africa's Commodities: Industrializing for Growth, Jobs, and Economic Transformation*, 2013, P16 - 41.

资源诅咒，通常是用来描述这样一个事实，即许多富含矿产或者是碳氢化合物的发展中国家，可以高价出口这些资源，但似乎从这些资源的开采和销售中获益不大[①]，腐败问题丛生、未能缓解国家的极度贫困、未能带动其他经济部门发展等问题。

为了尽量避免资源诅咒现象在本国扩散，东非六国作了较大的努力。肯尼亚、坦桑尼亚新修订的矿业法提高了特许权使用费的比例，以确保国家分得矿产行业的利益份额不至于太少；肯尼亚、南苏丹、卢旺达、坦桑尼亚、乌干达均对通过拍卖取得矿业权的方式进行了规定，以实现国家对于矿产资源利益的最大化；为了提高整个矿产行业的透明度，减少行业每一环节容易发生的腐败，坦桑尼亚率先加入了采掘业透明度倡议并在国内通过了透明度与责任立法，此外从2017年修订矿业法开始，矿业公司申请矿业权还新增了提交诚信保证的要求；为了加强矿产行业与其他经济部门的联系，坦桑尼亚2017年《自然财富与资源（永久主权法）》已经明确规定了禁止原矿的出口，并鼓励中小企业对矿产品加工、处理和精炼；为了避免矿井关闭后出现的“鬼城”现象，肯尼亚、卢旺达、坦桑尼亚对矿业公司的企业社会责任作了规定；为了增强矿业与本土社区之间的联系，肯尼亚、卢旺达、坦桑尼亚、乌干达对商品和服务以及就业的本土化作了规定。

对于资源到底是祝福还是诅咒，不论争论的焦点在哪里，有一个共同的、无需争论的前提是，资源本身是客观的，又或是没有立场偏好的，在不同国家的经济、社会中它到底表现为祝福还是诅咒，差别不在于资源本身，而在于对资源开发、利用的各种制度运用。世界银行就曾对采矿和开发相关的表现最佳和表现最差的国家作了调查，并得出一个重要的结论，即“一个国家的采矿行业是支持、促进经济增长，还是反过来助长经济恶化，取决于该国最大限度的经济管理质量和制度的竞争力和独立性”[②]。换言之，采矿业对一个国家经

---

① Frederick Bird. *The Practice of Mining and Inclusive Wealth Development in Developing Countries*, Journal of Business Ethics, 2016, 10, P631 - 643.

② World Bank. *Treasure or Trouble?: Mining in Developing Countries.* Washington DC: World Bank and International Finance Corporation, 2002, P14 - 15.

济的贡献不是孤立的，而是在该国经济管理和制度的总体背景下发生的。因此，正是这些政策和制度的质量和能力决定了采矿行业是否能够促进经济增长，或者该行业产生的收入是否可能阻碍发展。[①] 此前对于自然资源与制度质量之间的关系有三种不同的看法，而世界银行的调查结果无疑是对第二种看法的极大支持，即制度的质量决定了如何使用自然资源，也决定着自然资源是转化为祝福还是诅咒。当制度质量得到控制时，自然资源不再对经济增长产生直接负面影响，甚至促进增长；只有在质量低劣的制度面前，诅咒才显现出来，同时有利于寻租活动产生与存在的制度也有助于将自然资源转化为诅咒。[②]

纵观东非六国，有效的法律制度、准确的检测、可见的透明度和现实的贸易激励在东非六国中是稀缺的，腐败、偏袒和环境执法不力表现突出。[③] 透明国际 2018 年发布的腐败认知指数中，东共体六个国家只有卢旺达、坦桑尼亚的排名在一百名以内，其中卢旺达是第 48 位，坦桑尼亚与阿尔巴尼亚、巴林、哥伦比亚、菲律宾、泰国六个国家并列第 99 位。

4.2.4.4 对包容性增长的法律完善建议

包容性增长，最早由亚洲开发银行提出。目前正被越来越多的国家和地区所接受，但是目前还尚未形成被广泛接受的包容性增长的概念。结合各国及其发展伙伴的政策声明、国际和区域论坛上关于发展政策的研究报告，以及学者

---

① World Bank. *Treasure or Trouble?: Mining in Developing Countries*. Washington DC: World Bank and International Finance Corporation, 2002, P14 – 15.

② 第一种看法认为，自然资源降低了制度的质量，导致经济效益非常差。这是自然资源的制度性诅咒，反映了自然资源将阻止发展有利于经济增长的良好制度或制度改革。这一派的研究认为，自然资源通过延迟民主化、降低公民自由水平和削弱法治来降低制度的质量。此外，在自然资源方面，最有天赋的国家是那些制度质量最低的国家。这是因为自然资源的丰富通常是腐败活动发展的一个因素，因此也是机构效率低下的一个因素。因此，制度性诅咒主要表现为资源丰富国家内战的高风险。因此，自然资源可以通过内战和制度动荡破坏制度的质量，从而削弱国家的力量。此外，争夺和分配租金的斗争增加了政治不稳定和武装冲突的风险。第二种看法如文所述。第三种看法认为，制度是中立的，制度不会影响自然资源与经济增长之间的关系。因此，制度在资源诅咒中没有具体的作用。他们认为，自然资源丰富与否并不是体现自然资源诅咒的主要途径。与此同时，他们还认为，自然资源对经济增长没有影响.

③ Bell, R. G., Russell, C. *Environmental Policy for Developing Countries*, Issues in Science and Technology 2002, 3, P63 – 70.

们的研究，包容性增长意为“机会平等的增长”，“当增长使所有社会成员都可以在平等的基础上参加、贡献于以及受益于增长而不论个人环境如何，则增长即为包容性的”。①

既然良好的制度将会产生良好的政策选择，从而减轻宏观经济的负面影响，纠正政策制定者的偏差倾向。② 综合来看，东非六国实现包容性增长的路径可包括如下几个：

首先，对矿业法律和制度框架作细致的完善。规范矿产行业发展的基本制度，有矿业权管理制度、环境影响评估制度、生态环境补偿制度、矿业收益分配制度、企业社会责任制度、本土化内容制度。严格来看，这几个制度相辅相成、缺一不可，却又各自有自己的目标指向。矿业权管理制度主要目的在于明晰产权，确认矿业权涉及的各方主体；环境影响评估制度、生态环境补偿制度主要目的指向于矿业经济的可持续发展，做到集权者与弱势者间的平等、代际间的平等；矿业收益分配制度、企业社会责任制度、本土化内容制度主要目的在于受影响当地社区的利益弥补，创造更多的就业机会，提供更多的商品、服务交易机会，减少矿业经济带来的挤出效应，推动本国经济的多样化发展。东非六国虽然近年的矿业法改革基本围绕这些制度进行，但规定的制度过于笼统、粗糙，可操作性、可执行性不强，例如本土化内容制度，目前仅有坦桑尼亚一国对此项制度作了详细的规定，其他国家仅在矿业法略有提到，实在不足以引起矿业公司的重视。对于以上规范矿产行业的基本制度，东非六国还是应结合本国的实际情况，制定出指引性强的实施细则。此外，对于以上制度的任何不确定或分歧，都应有完善的法律途径，此条是对所在国政府的权力约束，同时也是矿业公司或其他利益相关者的最后保障。法院的决定是可以接受的，但同时应保障上诉权。在东非六国，这样的途径往往是不存在的，或者是极其曲折的。

---

① 庄巨忠.《亚洲的贫困、收入差距与包容性增长——度量、政策问题与国别研究》，中国财政经济出版社 2012 年版，第 17 页.

② Evelyn Dietsche. *Institutional Change and State Capacity in Mineral - Rich Countries*. In：Katja Hujo (Ed.)，Mineral Rents and the Financing of Social Policy，Palgrave Macmillan (London)，2012，P122 - 154.

其次，建立规范、有效的财税制度。外国直接投资使得国家一级获得最大收益，然而这还得依赖于强劲有效的经济、财政、税收制度，包括广泛健全的宏观经济政策、合理的低通胀、稳定的汇率和总体财政可持续性。这对所在国的国家、次国家一级以及地方等多个层次的技术能力都提出了现实性的要求，哪一层次的缺失都将致使预期收益受损。2017 年，坦桑尼亚政府对其国内最大的金矿公司——金合欢矿业公司开出了高达 1900 亿美元的罚单。这 1900 亿美元中，400 亿美元是从 2000 年开始到 2017 年金合欢矿业公司旗下两间公司未缴纳的税款，1500 亿美元是其利息和罚款。坦桑尼亚每年的国民生产总值大约为 450 亿美元，此项罚单相当于坦桑尼亚四年的国民总生产值。金合欢矿业公司在坦桑尼亚有将近二十年的历史，罚单的时间跨度为十八年，让人不解的是，为何之前那么长的时间都没有发现该公司的漏税、逃税行为？计算的依据是什么？是否已过处罚时效？若此罚单确实落在矿业公司身上，那将会是毁灭性的打击，该公司从此将一蹶不振甚至绝无翻身之日，而对于坦桑尼亚而言，亦是个重大损失，因为吸引一个国际的大型外资企业并不是轻而易举的事情；此外，从坦桑尼亚发展所需的巨额投入来看，1900 亿美元也只是杯水车薪，只能作权宜之计而无法多次使用、频繁使用、长久使用。因此，建立规范、有效的财税制度对于东非六国而言既是一个惠益又是一个挑战。

最后，加快提高各级政府的监管、治理能力，促进矿产行业的行业自治。矿产行业的包容性增长很大程度上取决于政府收入的使用方式，而政府收入的使用方式又反映着政府的监管、治理能力。世界银行将治理定义为“在管理一个国家的经济和社会发展资源时行使权力的方式”①，而“良好的治理体现在可预测、开放和开明的政策制定、充满职业精神的官僚机构、对其行为负责的政府行政部门、参与公共事务的强大民间社会以及所有在法治下的行为”。②所谓自然资源诅咒所带来的任何潜在的不利经济影响，事实上都是可以通过适

① World Bank, *Governance and Development*, 1992, P37 - 40.

② World Bank, *Governance: The World Bank's Experience*, 1994, P9 - 14.

当的予以抵消或规避，前提是存在有效的机构和主管政府。① 产生资源诅咒的原因，除了没有完善的制度保障外，制度的执行者、监管者能力低下亦是其中的重要原因。"弱治理"一词包含了广泛的政治、社会和体制缺陷。从本质上讲，"弱治理"指的是行政和法律制度太弱，无法对强大利益集团的活动进行检查和控制。② 在治理方面，肯尼亚在透明国际腐败认知指数中的排名仍然很低。最近的政治改革加强了肯尼亚的治理记录，尽管它仍然好坏参半。

根据世界银行发布的治理质量指数来看③，东非六国的治理指数不太具有吸引力。卢旺达以排名第62位领跑东非六国，并在非洲国家中名列前茅。东共体其余的五个国家均排名在第120位之后。与非洲的资源型国家相比，东非六国中的肯尼亚、坦桑尼亚、乌干达治理质量较好，而与东南亚或拉美地区的资源型国家相比，东非六国的治理质量又逊色不少。

对于增强东非六国各级政府治理能力，可从如下三个方面入手：

第一，国家一级层面，东非六国应着力加强腐败的治理，西方经济学的研究已经证明，腐败阻碍了经济作用及其潜力的发挥。它几乎直接或间接地渗透到生产功能的每一方面，影响到长期的经济增长，以及公共、私人和人力资本的使用。④ 除非高度腐败的国家首先减少腐败，否则改善私人投资、公共投资或资源禀赋管理以及人力资本的努力对人均GDP的影响微乎其微。换句话说，在高度腐败的国家，减少腐败产生的边际效益几乎超过任何其他政策行动。⑤

---

① Phillip Crowson. *The Resource Curse: A Modern Myth? In: Jeremy Richards (Ed.)*, Mining, Society, and a Sustainable World, Springer (Berlin), 2010, P3-36.

② Phillip Crowson. *The Resource Curse: A Modern Myth? In: Jeremy Richards (Ed.)*, Mining, Society, and a Sustainable World, Springer (Berlin), 2010, P3-36.

③ 治理质量指数选取的指标包括腐败感知指数、经商、发言权和问责制、监管质量和政府效率等。虽然在制定这些指标方面存在一些争议，又或者其中掺杂了政治立场或意识形态的影响，但对于每一个被参评的国家而言，所受指标的约束是一致的。所以，指数虽然不完美，但在用于评估和比较国家、区域甚至社会在其发展和转型过程中的表现仍是可用的。

④ Stephen S. Everhart. *The Resource Curse and Private Investment: a Theoretical Model of the Impact of Corruption*, Education, Business and Society: Contemporary Middle Eastern Issues Vol. 3 No. 2, 2010, P117-135.

⑤ Stephen S. Everhart. *The Resource Curse and Private Investment: a Theoretical Model of the Impact of Corruption*, Education, Business and Society: Contemporary Middle Eastern Issues Vol. 3 No. 2, 2010, P117-135.

强有力的治理应率先向腐败说不。国家一级还应提升硬件设备配备以加强对矿产监测数据的掌握和收集，为矿业权利益的最大化提供基础数据要求；监测的要求亦应贯彻到矿产行业的环境保护要求、复垦要求等制度中，譬如坦桑尼亚因为监测能力不足在环境保护方面就力不从心。在坦桑尼亚，虽然已经建立了职业和公众暴露、废物与环境管理和控制的法律框架和相关基础设施，但坦桑尼亚铀矿工业的有效监测仍面临极大挑战。在项目开发之前，由监管机构和矿业公司建立基线环境数据至关重要，不能低估。缺乏可比数据可能会妨碍在采矿活动期间和之后有效监测符合环境标准的变化。由于在采矿活动开始后建立的数据不能用于关联铀开采对环境和公众暴露的影响。由于预计需要采前数据的区域很广，而且在实际铀矿开采开始前建立这些数据的时间很短，因此监管机构需要大量资源。建立基准数据和完全依靠政府资金建设技术能力所需的巨大成本是一个巨大的挑战。隐性的、不充分的预算和技术能力可能会导致评估和有效控制铀矿的损害。为使坦桑尼亚在铀工业中有效实施最佳实践原则，主管监管机构必须具备足够的财务能力、设备和合格人员，以验证是否符合标准，因为只有严格的法律法规可能无法保证完全执行合规性并防止危险实际发生。只有在采矿作业前提供资源和参考数据时，才能验证监管合规性。然而，坦桑尼亚对于这些要求几乎都无法满足，以至于铀矿开采后的监测几乎是形同虚设。①

第二，应加强地方一级行政部门工作人员的行政治理能力的培训和提高。社区资源在多大程度上被用于造福社区，关键取决于当地行政部门，这被称为是基本的“游戏规则”。尤其是地方行政部门的利益与民众的利益往往紧紧相依，因此也增强了他们行为的影响力。为了让公共资源更有可能被用于促进发展，而不是在地方行政机构中通过私人捕获而浪费，除了正式的民主问责制和法治制度以外，亦可适当运用信任、规范和惯例等非正式制度以形成激励和促进，使得地方行政机构更有可能提高行政行为的公正性而不至于使自身立场转

---

① Firmi P. Banzil, Peter Msaki, Najat Mohammed. *Challenging Issues in Regulating Uranium Mining in Tanzania*, In: Broder J. Merkel, Alireza Arab (Eds.), Uranium Past and Future Challenges, Springer (Cham), 2015, P41 – 46.

变而作出偏袒的决策。[①] 譬如当地人的土地权利、环境损害、与手工旷工的冲突，无不与大型矿业公司有关，无不需要直接当地行政机构的调解、调节服务，如果没有运作良好的地方机构，就无法有效、公平地处理分歧，也无法缓解矿业公司与当地社区之间的冲突。

第三，应加强矿产行业的行业自治。近年来在非洲国家矿产行业中越来越多地出现私人自治、行业自治。原因之一是合规性要求，比如法律规定的对当地社区或利益相关者的义务、道德要求和对最佳实践的承诺，以及动力性因素推动，比如风险最小化、提高盈利能力、应对更严格的监管制度以及维持社会经营许可证等[②]；原因之二是各国政府越来越多地将权力下放给国际私营部门或行业协会，以便允许有序的市场竞争、灵活的行业自治。当然企业对于此种方式是基本持欢迎态度的，因为在他们看来这种方式比政府主导的监管更具有效率。行业自治大致有三个层次：一是在公司层面，通过设计、采用并实施公司规章制度来解决采矿工人的健康和安全，以及采矿对环境和社会的影响等问题。二是在国家矿业协会层面，实施全行业监管以促进国内矿业利益，当然也有世界性的矿业组织，比如矿业和金属国际委员会、世界黄金理事会。这些行业机构协调解决采矿业面临的问题的方法和对策。这一层次的成功例子比如布隆迪，布隆迪通过组织小型旷工加入行业协会，并通过行业协会整合力量与国内相关行业建立联系，从而扩大行业间的合作。[③] 三是自治扩展到了企业、政府和民间社会之间以多利益相关者倡议的形式开展的合作，以监督行业及其利益相关者认为重要的特定问题领域。许多矿业公司在内部或与非政府组织和政府合作，形成私人治理制度，包括采掘业透明度倡议和安全、人权自愿原则。在这一层次有一成功的例子，那就是坦桑尼亚黄金矿业部门在该行业之外制定的私人治理倡议，包括联合国全球契约、ISO14000 环境标准系列和全球报告

---

① Siri Lange, Ivar Kolstad. *Corporate Community Involvement and Local Institutions: Two Case Studies From the Mining Industry in Tanzania*, Journal of African Business, 2012, 2, P134 - 144.

② Virginia Haufler. *A Public Role for the Private Sector: Industry Self - Regulation in a Global Economy*, Carnegie Endowment for Int'l Peace, 2001, P117.

③ Rachel Perks. *Digging into the Past: Critical Reflections on Rwanda's Pursuit for a Domestic Mineral Economy*, Journal of Eastern African Studies, 2013, 4, P732 - 750.

倡议，这一系列标准为该行业的大多数企业自愿采用，并在此后被政府用作其国家环境立法的基础。[①] 对于行业自治，关注的重点应在于国家权力与私人自治的界限，私人自治的出现往往源于国家的“弱治理”，从而填补国家治理的空白。国家治理与私人自治的实质不在于治理的主体，而在于治理后的利益分配，若出现私人自治对国家利益、当地民众利益的减损情况，那么私人自治就应予以调整和规范，政府不应放任自流或直接漠视，否则最终受损的仍是所在国利益、当地利益。

当然，东非六国还应结合有效财税政策、制度要求，实现有效、高效和透明的公共支出管理，同时要确保税收收入的资金用于发展，用于减少贫困和创造就业机会。

总之，以东非六国的矿业发展来推动国内经济的包容性增长是个良好愿景，却也并非遥不可及，东非六国仍应结合法律制度的完善、财税征收监管制度的有效落实、各级政府治理能力的提高等方面，多管齐下予以实现。

4.3 本章小结

东非六国的矿业权制度，总体而言是为了追求安全、效益、正义和发展的法律价值。虽然目前在东非六国中冲突矿产的问题仍未根除；矿业作为经济发展的引擎担当尚未显现；大型矿业公司的利益与东道国之间的利益，大型矿业公司与手工采矿、小型采矿的冲突，矿产行业中的性别平等问题尚未得到解决，但是，东非六国矿业权制度的价值追求是符合其本国矿业发展的实际并能指引其发展的，即使在实践中仍有制度实现的差距，东非六国对四大价值的追求仍应继续坚持并努力将其完善。

在矿业权制度意欲实现的具体目标方面，引导大型矿企承担企业社会责任，是当下国家对企业与社会之间的关系进一步深化认识并将其反映在矿业权

① Ainsley Elbra. *Gold Mining in Sub - Saharan Africa*: *Towards Private Sector Governance*, The Extractive Industries and Society, 2014, 1, P216 - 224.

制度上的结果；规范手工采矿、小型采矿在东非六国是一个既迫切又棘手的难题；吸引外国投资在东非六国有着强烈的现实性需求；促进经济包容性增长在东非六国乃至整体非洲国家都是对“资源诅咒”难题的破解要求。矿业权制度作为矿产行业发展的基石所在，东非六国为了能达成矿业权制度的目标设计，对矿业权制度的有关方面作出了不同程度的修改，但目前来看效果不佳，东非六国仍应探索有效的路径以实现矿业权制度的具体目标。

第5章　东非六国矿业权制度的本土化趋势

东非六国矿业权制度在过去的十几年间几经变革，在后续的时间里其仍然难以做到在较长时间内保持稳定不变。近些年东非六国的矿业权制度体现出极为明显的本土化趋势，本土化趋势在矿业权制度上有什么表现？法律对本土成分内容作出了什么样的规定？实施的效果如何？带着以上问题，本章将对矿业权制度所呈现的本土化趋势作全面的研究和分析。

5.1　本土化趋势的凸显

过去的十年间，本土成分在资源丰富的发展中国家受到越来越多的关注。在非洲也出现同样的趋势，据学者统计，非洲至少有11个国家为其矿产、石油和天然气行业制定了本土成分政策或立法。[①] 而在东非六国，坦桑尼亚、肯尼亚、乌干达等国家都相继对本国矿产、石油和天然气行业的本土成分立法或政策作出了规定，尤以坦桑尼亚最为突出，其立法开始的时间最早、涉及的范围最广、相关规定最为全面。

在撒哈拉以南的非洲地区，本土成分的立法或政策正在激增。不论是传统的铜、黄金或其他金属的出口国，还是其他新的石油资源丰富的国家，正逐步掀

① Ovadia, J. S. *The Dual Nature of Local Content in Angola's Oil and Gas Industry: Development vs. Elite Accumulation*, J. Contemp. Afr. Stud. 2012, 3, P395－417.

起一股建立本土成分的法律来管理其采掘业的热潮。乌干达 2003 年矿业法对申请采矿租约时的雇佣和培训乌干达公民、采购当地的商品和服务两项内容作了简要要求；2019 年的《矿业条例（申请）》对申请勘探许可证的雇佣和培训乌干达公民的要求作了补充。坦桑尼亚 2010 年矿业法一改以往大开自由主义的做法，对采矿行业的本土成分作出了初步要求，2015 年的《采掘业（透明度和责任）法》对本土成分的信息披露作了详细的要求，2018 年《矿业（本土成分）条例》对企业的雇佣和培训计划包括企业中层和高级管理岗位的雇佣要求、研发计划、技术转让计划、保险服务、法律服务，金融服务的本土成分要求作了详细的要求，并规定了监管机构和违规的罚则。肯尼亚 2016 年《矿业法》通过对矿业特许权使用费的分配、签订社区发展协议、优先雇佣当地社区人员等的要求对如何推动当地社区的发展作出了规定。2017 年，肯尼亚矿业部又出台了《矿业（国家参与）、（资产使用）、（本土商品和服务使用）、（雇佣和培训）、（工作研发报告）条例》等七个条例对肯尼亚境内、矿业权覆盖范围内的动产与不动产的登记、本土肯尼亚人的雇佣、肯尼亚生产商品与提供服务的使用等方面作出进一步的明确且详细的要求。南苏丹 2012 年矿业法对优先雇佣当地社区人员的要求以及政府在大型采矿企业中的利益作出了规定，其余的则没有涉及。卢旺达 2018 年的《采矿及采石法》没有对本土成分作出要求。

在过去几年里，本土成分政策也得到了许多国际机构的新的关注。2013 年的《非洲进展报告》中强调了国家在经济发展和自然资源开发中的重要作用，并建议大力采用和实施本土成分政策，它指出：东亚经济发展的成功历史在很大程度上是建立在发展产业增值的长期战略基础上的。各国政府采取了一系列的包括补贴信贷、本土成分计划、减税和临时保护在内的措施来加强本土企业的竞争地位。这些措施得以成功（对比非洲相应项目的失败）的关键在于要求企业在本土市场及最终在国际市场上形成竞争力的指导方针的严格应用。[①]

---

① Africa Progress Panel. *Equity in Extractives*: *Stewarding Africa' s Natural Resources for All*, Africa Progress Report 2013, P84.

就此类似的主题，联合国非洲经济委员会在其2013年的非洲经济报告中提出看法：非洲依赖许多在当今多边贸易舞台上被禁止或至少不予以鼓励的措施，其中包括关税保护和性能要求，如贸易平衡和本土成分。随着非洲国家在多边和区域一级谈判贸易协定，它们应为其以出口为定位的工业化战略争取必要的政策空间。①

越来越多的非洲国家为采掘业建立了国家政策框架，其中对本土成分或本土利益的要求变得更加突出②；国际组织、区域组织亦对本土成分政策给予重视，究其原因不外乎两个，一是各国政府及国际组织向来对采掘业的重视，二是采掘业尤其是采矿业对国民经济的贡献令人失望。

采矿业为许多政府提供了一个有吸引力的发展机会，它不仅可以产生重要的税收收入为经济作出直接贡献，还可以推动就业、促进长期的可持续和包容性增长。③ 2009年非洲联盟推出的《非洲矿业远景规划》描述了对知识驱动的非洲采矿业的渴望，认为采矿业可促进并将致力于基础产业广泛的增长和发展，而这将通过下游联系（矿产利益与制造业）、上游联系（矿业资本服务、消耗品和服务业）和侧流联系（基础设施、技能以及技术的研究与开发）来实现。④ 2015年，联合国大会通过了《2030年可持续发展议程》和《可持续发展目标》，其中提到私营部门是可持续发展目标得以实施及获得成功的关键利益相关者，尤其采矿业可以发挥重要作用。采矿业可以为可持续发展目标中的许多目标和指标作出贡献。⑤ 联合国开发计划署在2016年的一份报告中对采矿业与可持续发展目标之间的联系作了阐释，并描绘了取得的进展。公私伙伴

---

① United National Economic Commission for Africa（UNECA）. *Making the Most of Africa's Commodities：Industrializing for Growth，Jobs and Economic Transformation*，Economic Report on Africa 2013，P94.

② Sonal Sejpal，Njeri Wagacha，Sheila Nyayieka. *A Review of Local Content Regulations in the Upstream Oil and Gas Sector in Africa*，2015. https：//www.kwm.com/en/uk/knowledge/insights/a－review－of－local－content－regulations－in－the－upstream－oil－and－gas－sector－in－africa－20160101.

③ Simon White. *Regulating for Local Content：Limitations of Legal and Regulatory Instruments in Promoting Small Scale Suppliers in Extractive Industries in Developing Economies*，The Extractive Industries and Society，2016，8，P6－13.

④ African Union，African Mining Vision，2009，2.

⑤ United Nations. *Transforming Our World：The 2030 Agenda for Sustainable Development*，2015，https：//sustainabledevelopment.un.org/post2015/transformingourworld.

关系在应对经济、社会和环境挑战方面的作用受到了高度重视，这包括将重点放在采矿行业本土成分的重要性上："采矿企业与其他利益相关者合作，可以帮助建立促进有竞争力的国内企业增加本土成分和供应能力的方法，而这也有助于推动更可持续、更长期、更多样化的经济增长"。[①]

非洲各国的矿业法、矿业条例及矿业政策都对采矿业的重视作了不同的表达，然而现实中采矿业的发展却是让人失望的，人们发现，采矿企业所承诺的效益以及与资源开发的联系并未实现。非洲开发银行在2012年就发布一项研究，其中表明非洲资本密集型采矿活动的投入很少来自当地，设备、机械和消耗品通常是进口的，创造就业机会也受到采矿业资本密集型性质的限制。[②] 例如，在马里，尽管采矿业占全国国内生产总值的17%和出口的70%，但它只为1.3万人创造了直接就业机会。在加纳，2000年至2007年，采矿业尽管贡献了5.5%的加纳国内生产总值和40%的出口，但却仅雇用了大约0.2%的非农业劳动力。[③] 而在坦桑尼亚，人们对采矿企业的怨念更加深刻。据一些调查发现，坦桑尼亚境内的大型采矿企业几乎很少缴纳企业税，因为它们总是谎报亏损。亚历山大斯图尔特分析师的2003年审计报告遭到泄漏，其中就载明巴力克和安格鲁金矿公司在1999年至2003年夸大了5.02亿美元的损失，导致政府损失约1.325亿美元。[④] 2017年，总统马古富力成立两个委员会对跨国采矿企业进行调查，发现跨国采矿企业存在大量的欺诈行为，包括价值8294亿至1.438万亿坦先令的精矿未有任何申报记录，金合欢矿业公司在1998年至2017年的19年间未能支付95.5万亿坦先令的所得税、94.4万亿坦先令的预

---

① United National Development Programme (UNDP). *Mapping Mining to the Sustainable Development Goals: A Preliminary Atlas*, 2016. https://resources.unsdsn.org/mapping-mining-to-the-sustainable-development-goals-an-atlas.

② Gajigo, O., Mutambatsere, E., Ndiaye, G. *Gold Mining in Africa: Maximizing Economic Returns for Countries*, African Development Bank Working Paper Series No. 147, 2012, P9-15.

③ Simon White. *Regulating for Local Content: Limitations of Legal and Regulatory Instruments in Promoting Small Scale Suppliers in Extractive Industries in Developing Economies*, The Extractive Industries and Society, 2016, 8, P6-13.

④ Mark Curtis, Tundu Lissu. *A Golden Opportunity? How Tanzania is Failing to Benefit From Gold Mining*, Christian Council of Tanzania, National Council of Muslims in Tanzania and Tanzania Episcopal Conference, 2008, P19-23.

扣税、11.1万亿坦先令的特许权使用费。①

为了应对本国公民日益增长的沮丧情绪以及因经济低迷而引发的社会动荡，各国政府更加重视促进采掘业本土成分的进一步规定。进入二十一世纪以来，本土成分要求已成为一项从采掘行业的外国投资中为东道国政府和当地社区争取更多利益的重要工具，以致有学者认为本土成分政策是近几十年来全球南方能源政策中唯一最重要的创新。②

5.2 本土成分的基本规定

5.2.1 本土成分的定义

本土成分，在采矿业大意指东道国政府为了加强采矿业与其他部门的联系，让采矿业产生更多的增值方式而提出的包含对本土劳动力、技术、商品、服务或资本等内容的使用要求的策略、规定或政策。在东非六国，本土成分政策、立法的倾向一直都有，但在相关政策或立法中给予明确定义的并不多。

坦桑尼亚2015年的《采掘业（透明度和责任）法》中规定，本土成分是在采掘业活动中通过本国劳动力、技术、货物、服务、资本以及研究能力的参与而带来或形成的附加值。2018年的《矿业（本土成分）条例》对本土成分作出了明确规定，其释义是指在采矿业价值链中可以用货币计量的本土生产的材料、来自本土的工作人员、本土融通的资本或本土提供的货物或服务的数量或百分比。

肯尼亚议会2018年4月发布的《本土成分法案》中对本土成分的定义是：在采掘业中，在开发和采购本土可得的劳动力、服务和用品等方面，通过有系统地发展国家能力、性能、投资而为肯尼亚经济所带来的增加值，以及分享应

① Abel Kinyondoa, Christopher Huggins. *Resource Nationalism in Tanzania: Implications for Artisanal and Small - Scale Mining*, The Extractive Industries and Society, 2019, 2, P181 - 189.

② Jesse Salah Ovadia. *Local Content and Natural Resource Governance: The cases of Angola and Nigeria*, The Extractive Industries and Society, 2014, 9, P137 - 146.

计收益所带来的增加值。

坦桑尼亚《采掘业（透明度和责任）法》对本土成分强调的是使用本国的各项生产要素应形成增值，《矿业（本土成分）条例》这个部分对本土成分强调的是使用本国生产要素所占的数量或比例要求，肯尼亚《本土成分法案》强调了增加值，但没有对数量、比例提出要求。三个定义并不完全一致，但共同之处在于都要求使用一定程度的本土生产要素。

5.2.2　本土成分的具体内容

本土成分大致可以分为定量要求和质量要求两种。定量要求以具有法律约束力的目标的形式，对公司施加定量要求，此要求往往以数量或价值呈现。数量，可以是将要雇用的本地员工的数量，又或者是指向本土供应商的合同数量；而价值，则是指本地采购支出的百分比。反过来，质量要求则是指政策、法律条文以及约束性没那么强的合同协议，目的是为了实现技术转让或员工培训。[①] 据一些机构的调查估计，资源丰富国家中约有 90% 都引入了某种形式的本土成分要求，其中大部分是定量的。[②] 东非六国的本土成分要求若是极为重视的，定量要求表现突出，比如坦桑尼亚和肯尼亚；若是尚未提上明确议程的，则以质量要求简要呈现，比如乌干达、南苏丹。

坦桑尼亚的本土成分立法内容丰富而充分，并日渐呈政治化的趋势。[③] 坦桑尼亚自 1961 年实现独立以来，其关于自然资源的国家所有权和本土成分作用的观点发生了相当大的变化。

---

① Siri Langea, Abel Kinyondo. *Resource Nationalism and Local Content in Tanzania: Experiences from Mining and Consequences for the Petroleum sector*, The Extractive Industries and Society, 2016, 9, P1095 - 1104.

② Richard Dobbs, Jeremy Oppenheim, Adam Kendall, Fraser Thompson, Martin Bratt, and Fransje van der Marel. *Reverse the Curse: Maximizing the Potential of Resource - Driven Economies*, 2013. https://www.mckinsey.com/industries/metals - and - mining/our - insights/reverse - the - curse - maximizing - the - potential - of - resource - driven - economies.

③ Michael W. Hansen, Lars Buur, Anne Mette Kjær, and Ole Therkildsen. *The Economics and Politics of Local Content in African Extractives: Lessons from Tanzania, Uganda and Mozambique*, Forum for Development Studies, 2015, 3, P201 - 228.

坦桑尼亚1979年的矿业法中有对许可证申请人提出“提交当地货物和服务采购计划”的要求，然而，在这一时期黄金生产主要靠手工采矿和小型采矿，没有外国投资的进入。尤其是当时的总统尼雷尔认为，在坦桑尼亚人有能力自己有效地管理开采过程之前，该国的矿产资源都应该留在地下。因此，虽然当时的矿业法有本土成分的要求，但实际上并无实效。

二十世纪八十年代开始，坦桑尼亚进行结构调整，进行私有化和自由化改革，为了最大程度地吸引外国投资，1998年的矿业法不仅没有包含本土成分条款，而且还为外国投资者提供了慷慨的增值税免税。成效似乎显著，在新法实施后的头四年中，坦桑尼亚建立了四个大型金矿，到2008年一跃成为非洲第三大黄金生产国。然而，1998年矿业法的实施带来极大的争议。第一，大型金矿的进入导致一些民众流离失所，他们抱怨补偿不够充分、遭受不公平待遇；第二，大型金矿与手工采矿、小型采矿发生严重冲突，导致暴力事件和人员伤亡；第三，政府从未公开公布对矿业权的颁发情况，民众认为其间存在极大的腐败；第四，大规模采矿的收入远低于预期，2001年至2009年，大宗商品交易价格大幅上涨，没有规定暴利税且外资公司又享受免税，这一期间政府由大型采矿获得的收入很少，2002年，7个大型矿山的收入仅为3620万美元。① 到2008年，坦桑尼亚是非洲第三大黄金生产国，但当年由采矿业所得的税收却不到3000万美元。②

民间的批评声音太大，时任总统基奎特不得不在2005年成立一个委员会来审查国内的所有矿产协议，并以此为基础推出新的矿业政策（2009年）、新的矿业法（2010年）。在2010年矿业法中，黄金的特许权使用费从原来的3%提高到4%，并提出“政府在未来涉及超过1亿美元资本投资的项目中拥有股权以及本土采购”的要求。至此，本土成分要求又重新以法律形式进入公众视野。

---

① Siri Lange. *Gold and Governance*: *Legal Injustices and Lost Opportunities in Tanzania*, African Affairs, 2011, 2, P233-252.

② Brian Cooksey. *The Investment and Business Environment for Gold Exploration and Mining in Tanzania*, The Africa Power and Politics Programme, Background Paper, 2011, 3, P52.

此后，本土成分要求作为坦桑尼亚资源民族主义的一个重要组成部分被不断强化[①]，先后又有2015年《采掘业（透明度和责任）法》，2017年《自然财富和资源（审查和重新谈判不合理条款）法》《自然财富和资源（永久主权法）》《成文法（杂项修正）法》，2018年《矿业（本土成分）条例》予以出台。2017年三部法律的出台，使得矿业本土成分的要求发生重大变化：如果坦桑尼亚政府与外国矿业公司签订的矿业开发合同被认为不合理的话，坦桑尼亚政府有权解除现有合同；坦桑尼亚政府将有权免费获得所有矿业项目16%的股份，并且此股份的份额最高可达50%；矿业公司的原材料加工必须在坦桑尼亚国内进行，并且矿业的收入必须存入坦桑尼亚国内银行；特许权使用费的税率发生变化，宝石和钻石的税率由原来的5%提高到6%，黄金和其他矿产的税率由原来的4%提高到6%；如与坦桑尼亚政府在矿业开采过程中产生争议，外国投资者不得就此争议寻求国际仲裁解决。[②] 2018年《矿业（本土成分）条例》则对本土成分的要求作了更为细致、全面的规定。此外，为了避免矿业方面的失败，坦桑尼亚自发现油田、天然气气田开始就对石油、天然气行业实行严格的本土成分要求，违规则面临严酷的罚则。

肯尼亚对于矿业的野心、追求，同样不可小觑，其于2016年出台新的矿业法对本土成分作了简要要求，又于2017年出台与本土成分要求相关的七个条例。2016年矿业法首先对矿业特许权使用费的比例作出规定，要求矿业特许权使用费的20%支付给当地县级政府，10%支付给矿业开采地的所在社区；其次，该法要求矿业公司与当地社区签订社区发展协议，并要求在协议中作出明确的社区发展规划安排；最后，该法还要求矿业公司在雇佣人员时，优先雇佣当地社区的人员，并对他们进行技术转让和能力培训。[③] 2018年4月，肯尼亚国家法律报告委员会发布了2018年的第10号法案，也即《本土成分法案》。[④] 在法案征求意见期间，包括肯尼亚地热协会、矿务局、大型采矿企业

---

① Jesse Salah Ovadia. *Local Content Policies and Petro - Development in Sub - Saharan Africa: A comparative Analysis*, Resources Policy, 2016, 4, P20 - 30.

② 朱伟东.《坦桑尼亚推进本土化立法》,《中国投资》2018年第7期.

③ 朱伟东.《肯尼亚的本土化立法》,《中国投资》2018年第6期.

④ 朱伟东.《肯尼亚的本土化立法》,《中国投资》2018年第6期.

等不同的利益攸关方都发表了自己的意见，意见大致是矿业的本土成分要求已有矿业法作出完整规定，本土成分法案不应再将矿业包含在内。①

5.3 本土成分的成效检视

本土成分规定的目的是提高本土成分在各种价值链中的程度，显然此程度应超过彼时尚未有这些政策时的程度。这通常涉及增加在采掘部门工作的国民的比例，以及增加本土公司在供应链中的参与。大体而言，本土成分规定的总体目的是确保资源租金的更公平分配，并确保当地社区也从开采中受益。② 在不到十年的时间里，在以明示或默示的国家为主导的工业发展的前提下，本土成分规定已成为非洲各国政府和国际机构发展规划的核心。③ 在非洲，本土成分被视为解决非洲大陆青年失业率居高不下的一个潜在解决方案，预计可能减少社会动荡和暴力，并通过加强与本土各部门的联系从而有助于国家的工业化。④ 然而，必须客观认识的是，本土成分要求从来都是拥有双重性质的：它既是促进大规模经济发展的一种机制，同时也是精英阶层通过合法化政策来获取税收租金的一种机制，这些政策扮演着偏袒和特权特定地方资本家的角色。⑤ 从政策、立法到现实中的落地生根，本土成分规定的实施同样是存在争议的，因为它们可能导致利益的重新分配，这往往会引发寻租、腐败和非生产

① Gideon Moi's Local Content Bill gets backing of stakeholders, 2018, 6, 22. https://www.standardmedia.co.ke/article/2001285020/gideon-moi-s-local-content-bill-gets-backing-of-stakeholdes.

② Abel Kinyondoa, Espen Villanger. *Local Content Requirements in the Petroleum Sector in Tanzania: A Thorny Road from Inception to Implementation?* The Extractive Industries and Society, 2017, 1, P1-14.

③ Jesse Salah Ovadi. *Local Content and Natural Resource Governance: The Cases of Angola and Nigeria*, The Extractive Industries and Society, 2014, 1, P137-146.

④ Jesse Salah Ovadia. *The Dual Nature of Local Content in Angola's Oil and Gas Industry: Development vs. Elite Accumulation*, Journal of Contemporary African Studies, 2012, 3, P395-417.

⑤ Jesse Salah Ovadia. *Local Content and Natural Resource Governance: The Cases of Angola and Nigeria*, The Extractive Industries and Society, 2014, 1 P137-146.

性游说。[1]

事实上，本土成分在非洲国家的实施成效也不尽如人意。非洲国家一直在努力促进采矿业与初级商品部门的联系，但总的来说，它们鼓励本土成分的努力收效甚微。[2] 在大多数生产黄金的非洲国家，支持黄金开采的商品和服务很少从当地采购，几乎所有机械和设备都是进口的，一般消耗品（如办公用品）或专用消耗品（如金刚石粉尘、胶水、工业酒精）都是进口的。[3] 非洲经济转型中心（ACET）在 2014 年的报告中指出，近五年来，尼日利亚作为一个主要的石油出口国，未能建立可持续、有竞争力和多样化的经济。赞比亚的铜、刚果民主共和国的钴、纳米比亚或尼日尔的铀、几内亚的铝土矿的情形均与尼日利亚相似。[4]

再来看看即使遭到国内大型采矿企业极大阻力但仍然推行本土成分政策的坦桑尼亚。

其一，在雇佣本国公民方面。坦桑尼亚矿产审计署（TMAA）的统计数据显示，2007 年至 2015 年，外籍人士的比例在 5% 至 8% 之间波动，2007 年为 6%，2015 年为 5%。[5] 这表明坦桑尼亚 2010 年矿业法中就业的本土化要求并未对增加坦桑尼亚的国民就业带来任何重大的影响。

其二，在货物和服务的采购方面。在坦桑尼亚的矿业条例中，当地公司就是在坦桑尼亚注册的公司，即使它是 100% 外资所有，进口商品只要在当地购买，就算作"本土采购"。例如，从当地注册的公司如英国（BP）石油公司和奥克西（Orxy）石油公司购买的燃料，尽管进口量为 100%，但仍算作 100%

---

① Abel Kinyondoa, Espen Villanger. *Local Content Requirements in the Petroleum Sector in Tanzania: A Thorny Road from Inception to Implementation?* The Extractive Industries and Society, 2017, 1, P1 - 14.

② Kaplinsky, Raphael, Morris, Adam and Kaplan, David. *Commodities and Linkages: Industrialisation in Sub Saharan Africa*, University of Cape Town and Open University, Making the Most of Commodities Programme Discussion Paper No. 13, 2011, P115 - 132.

③ Ousman Gajigo, Emelly Mutambatsere, Guirane Samba Ndiaye. *Working Paper* 147 - *Gold Mining in Africa - Maximizing Economic Returns for Countries*, Working Paper Series 378, African Development Bank, 2012.

④ Africa Center of Economic Transformation. 2014 *African Transformation Report: Growth with Depth*, 2014. https://includeplatform.net/publications/african-transformation-report-growth-with-depth/

⑤ Tanzania Minerals Audit Agency. *Annual Report* 2014, Ministry of Minerals.

的本土燃料。在这种情况下，本土购买几乎没有任何增加。在2010年矿业法实施后的头两年，当地采购实际上低于外国采购。[①] 此外，作本土采购要求的同时对坦桑尼亚的本土供应商提出了潜在要求，然而据学者的调查发现，许多坦桑尼亚供应商在质量和供应可靠性方面面临巨大挑战，而政府也未有实际的努力来支持这类企业。[②]

其三，在本土成分报告方面。据学者的调查发现，矿业公司和政府机构报告的数据之间存在极大差异。例如，2014年，金合欢（Acacia）公司的报告称其采购了价值4.88亿美元的当地生产的商品和服务[③]，而根据坦桑尼亚矿业审计署的报告，其中显示该国所有大型矿山在2014年采购的当地商品和服务总额为仅为53656万美元。[④] 报告中出现差异的原因之一或许是缺乏关于哪些应算作本地采购的官方和明确的说明。此外，矿业公司仅提供了本土采购的数据，但却未提供相关的详细信息，以致数据无法得到核查。

5.4 本章小结

从理论上来看，在本土成分的要求下会产生各项联系，由此的确让本土成分有潜力成为增值最大化和多创造就业的策略，进而发展当地的能力、提升当地的技术、开发或刺激其他行业在供应链上的更大价值。虽然非洲国家的矿业，甚至石油、天然气行业都呈现出本土化的趋势，但不得不注意的是，本土成分规定在发达国家都未必能事事成功，在发展中国家的实践更是一项全新的挑战。正如我国学者所言，要想取得良好的本土成分实施效果，在非洲国家并

① Siri Langea, Abel Kinyondo. *Resource Nationalism and Local Content in Tanzania: Experiences from Mining and Consequences for the Petroleum Sector*, The Extractive Industries and Society, 2016, 9, P1095 - 1104.

② Siri Langea, Abel Kinyondo. *Resource Nationalism and Local Content in Tanzania: Experiences from Mining and Consequences for the Petroleum Sector*, The Extractive Industries and Society, 2016, 9, P1095 - 1104.

③ Ernst & Young. *Acacia Mining Plc Total Economic and Tax Contributions in Tanzania* 2014.

④ Tanzania Minerals Audit Agency. *Annual Report* 2014, Ministry of Minerals.

不是一件容易的事。① 制定政策前的充分沟通、听取民意，完整、完善、适合的法律框架和监管体系，强有力的执行监督机构，当地各项能力的投资与建设等，都是本土成分规定取得良好实效的必要条件。②

具体对于东非六国而言，一方面，人们普遍认为，如果没有政策或法律规定，矿业公司将很少考虑本土成分；另一方面，大多数政策和法律中的质量和价格规定为不遵守规定提供了借口，使许多规定失去意义。③ 由于采掘业是长期的、高成本的投入，容易受到大宗商品价格波动的影响，尤其在竞争激烈的全球投资市场面前，若是限制太多就有可能无法吸引投资者。因此，制定本土成分政策、法律和监管框架需要对行业动态和供应链有很好的了解。简而言之，成功实现本土成分的愿望需要在政策和法律规定、工业发展计划和服务之间取得平衡，在政府、矿业公司以及当前和潜在的本地供应商之间做好密切的互动，以最大限度地提高决策者的知识基础，增加过程的透明度和管理的预期性。这也利于有效执行，并减少利益攸关方之间的矛盾和猜疑，切不可操之过急。④

---

① 朱伟东.《应对非洲本土成分立法》,《中国投资》2018 年第5 期.

② 朱伟东.《应对非洲本土成分立法》,《中国投资》2018 年第5 期.

③ Simon White. *Regulating for Local Content: Limitations of Legal and Regulatory Instruments in Promoting Small Scale Suppliers in Extractive Industries in Developing Economies*, The Extractive Industries and Society, 2016, 8, P6 -13.

④ Abel Kinyondoa, Espen Villanger. *Local Content Requirements in the Petroleum Sector in Tanzania: A thorny Road from Inception to Implementation?* The Extractive Industries and Society, 2017, 1, P14 -28.

第6章 中国在东非六国投资矿业的有利条件及风险应对

从矿业权制度的整体内容来看，东非六国矿业权制度对矿业权的种类、获得矿业权的条件、矿业权人的权利义务等关键内容均作出了详细的规定；从获取矿业权的程序来看，东非六国的矿业权制度也尽量做到精简而不复杂。虽然东非六国对于矿业权的种类设置略有不同，但总体而言呈现出如下特点：准入制度较为公平、审查方式较为严格、规定总体较为清晰。基于以上对东非六国矿业权制度的认识，中国在东非六国成功地进行矿业投资具有可行性、可能性吗？本章将深入分析中国在东非六国进行矿业投资的有利条件、法律风险，并据此给出风险防范的建议以完成对前述问题的回答。

6.1 中国在东非六国投资矿业的有利条件

6.1.1 合作前景良好

中国与非洲的经贸往来历史悠久，作为非洲最突出的新兴伙伴，中国企业与非洲同行的贸易和投资数额在过去十年中增长了十倍以上。[①] 2013年，中国

① Richard Schiere，Léonce Ndikumana and Peter，Walkenhorst. *China and Africa：an Emerging Partnership for Development?*，African Development Bank Group，2011，PIV.

国家主席习近平提出“一带一路”倡议；2015 年，中国发布《推动共建丝绸之路经济带和 21 世纪海上丝绸之路的愿景与行动》。自此以后，中国与非洲的经济往来更加密切，同时中国还支持非洲国家的基础设施建设，在促进非洲国家经济增长、地区发展方面作出了卓越的贡献，“一带一路”倡议已经成为非洲区域一体化的重要机遇。

东非六国亦跟中国存在紧密的合作关系。肯尼亚早在 2013 年就与中国建立全面合作伙伴关系。近年来，中国与肯尼亚的各项往来、贸易日益密切。据肯尼亚国家统计局 2016 年《外国投资调查》的结果显示，中国的直接投资数额已超过了曾经排名第一、第二的英国和美国，跃居为肯尼亚的外商直接投资第一大国。2015 年，中国在肯尼亚的直接投资数额达到 418 亿肯先令，与 2014 年的 139 亿肯先令相比有了巨幅的增长。同时，查看肯尼亚统计局的统计数据可以看到，2017 年的 1 月至 7 月，中国与肯尼亚两国贸易总额达到 24.6 亿美元，同比增长 37.2%，大大地超过肯尼亚同期 15.4% 的对外贸易增长率。这其中，中国对肯尼亚出口额达 23.9 亿美元，同比增长 37.14%，中国已然是肯尼亚的最大贸易伙伴国和最大进口来源国。① 近些年来，越来越多的中国公司进入肯尼亚发展，工程承包领域也大大拓宽，传统的公路、房屋建设项目热度不减，铁路、电力、港口、机场扩建、石油管道、供排水、地热井、咨询设计等领域也逐渐兴起，中国已然是肯尼亚的第一大工程承包方了。“一带一路”倡议实施以来，肯尼亚与中国的贸易稳步增长，两国的外交关系持续向好，中国负责修建的蒙内铁路已经成为肯尼亚的标志性工程。中国企业还积极参与蒙巴萨经济特区建设，推进蒙内铁路经济走廊的形成。2019 年第二届“一带一路”国际合作论坛结束后，肯尼亚已成为非洲第一个获准向中国出口高营养哈斯鳄梨的国家。此外，两国还签署了 2260 亿肯尼亚先令的合同，用于华为的 Konza 数据中心和智能城市项目以及内罗毕的乔莫・肯雅塔国际机

① 投资迅猛增长！中国已成为肯尼亚最大的贸易伙伴！http：//www.siilu.com/news/20190628/14625.shtml.

场和詹姆斯·吉丘鲁高速公路。[1] “一带一路”倡议让两国的经贸关系更加紧密。

坦桑尼亚同样在2013年与中国建立了全面合作伙伴关系，近些年来同样是中国在非洲较大的进出口贸易伙伴。2019年，中国对坦桑尼亚出口38.11亿美元，从坦桑尼亚进口3.67亿美元，中坦进出口贸易达41.78亿美元。[2] 截至目前，中国已经在坦桑尼亚注册了将近700家中资企业，主要开展工程承包、投资及双边援助项目；[3] 中国也已经成为坦桑尼亚最大的贸易伙伴、最大的外商直接投资来源国、最大的工程承包方，中国在坦桑尼亚的投资领域主要在矿业、制造业、加工业、基础设施建设、房地产开发、农业、贸易、物流等行业。近几年，国际经济形势略微变化，且坦桑尼亚对国内政策进行了一系列的改变，致使坦桑尼亚的经商环境发生了一些变化，也使得中国与坦桑尼亚的经贸合作面临一些挑战，但中国与坦桑尼亚的友好传统持续传承，再加上坦桑尼亚自身的固有优势，中坦两国的经贸合作仍有坚实的基础。虽然坦桑尼亚的相关政策调整变化极大，但其总体目的是为了改善投资环境，从长远来看仍将为坦桑尼亚带来投资的增加。此外还应注意到，中非合作论坛北京峰会“八大行动”举措的落实，中非经贸博览会、进口博览会的相继举办，这些活动都将为中国与坦桑尼亚的经贸合作带来新的发展机遇。

中国与肯尼亚、坦桑尼亚的经济贸易，在东共体国家乃至整个东非区域中都是比肩而行的，但中国与乌干达的经济往来也不容小觑。中国与乌干达的外交关系于1962年正式建立，建交以来，两国关系持续稳定发展，政治互信日益加深；经贸合作互利互惠，水平不断提高。2018年，中国对乌干达的直接投资额达2.26亿美元，双边贸易额达7.52亿美元。[4] 值得注意的是，从2013

---

① Unfolding BRI partnership between Kenya and China，https：//news. cgtn. com/news/3d3d414e31457a4d34457a6333566d54/index. html.

② 2019年中国与非洲各国贸易数据及相关排名，http：//news. afrindex. com/zixun/article12181. html.

③ 商务部国际贸易经济合作研究院，中国驻卢旺达大使馆经济商务处，商务部对外投资和经济合作司：《对头投资合作国别（地区）指南（坦桑尼亚）》2019年版，参赞的话.

④ 商务部国际贸易经济合作研究院，中国驻卢旺达大使馆经济商务处，商务部对外投资和经济合作司：《对头投资合作国别（地区）指南（乌干达）》2019年版，参赞的话.

年起，中国就已经是乌干达的最大直接投资国了。而这点并不应让人意外，因为乌干达是中国对非洲投资第九大目的地，中国是乌干达的第三大贸易伙伴。目前，中资企业在乌干达的投资与建设主要集中于水电站建设、输变电、公路交通、房建和通信等行业，其中，水电站建设最为突出。2018 年，中资企业在乌干达的各个投资合作项目进展基本顺利，伊辛巴水电站和坎帕拉—恩德培机场高速路竣工交付，卡鲁玛水电站于 2019 年启动首台机组发电，辽沈工业园、中乌姆巴莱工业园、中乌农业产业园和广东东送国际产能合作工业园等投资项目建设稳步推进。[①]

此外，中国与卢旺达、布隆迪、南苏丹的经贸合作发展顺利。中国是卢旺达第一大工程承包方，主要贸易国和主要投资国之一。中国政府给予卢旺达出口到中国的绝大部分商品零关税待遇。2018 年中国与卢旺达贸易额为 2.05 亿美元，同比增长 30.1%，其中中国对卢旺达出口 1.66 亿美元，同比增长 28.7%；从卢旺达进口 0.39 亿美元，同比增长 36.2%。2018 年中国企业在卢旺达新签承包工程合同额 4.93 亿美元，完成营业额 2.9 亿美元；2018 年当年中国对卢旺达直接投资流量 988 万美元；截至 2018 年末，中国对卢旺达直接投资存量 1.05 亿美元。[②] 中国与布隆迪自建交以来，政治关系稳固，经贸合作不断加深加强，布隆迪人民对中国人民亲善友好，在布隆迪的中国人都很受尊敬。[③] 然而目前在布隆迪注册的中资企业还不多，主要原因还在于布隆迪的市场活力、基础设施、国家财政、外汇流动等自身条件受限，因此中国与布隆迪的投资合作还不多、不广。南苏丹虽然建国时间短，但自其独立以来就极为重视与中国友好关系的建立与维护，中国与南苏丹的合作前景广阔。目前中国是南苏丹最大的投资来源国，最主要的贸易伙伴和重要援助方之一。[④]

---

① 商务部国际贸易经济合作研究院，中国驻卢旺达大使馆经济商务处，商务部对外投资和经济合作司：《对头投资合作国别（地区）指南（乌干达）》2019 年版，参赞的话.

② 商务部国际贸易经济合作研究院，中国驻卢旺达大使馆经济商务处，商务部对外投资和经济合作司：《对头投资合作国别（地区）指南（卢旺达）》2019 年版，参赞的话.

③ 商务部国际贸易经济合作研究院，中国驻卢旺达大使馆经济商务处，商务部对外投资和经济合作司：《对头投资合作国别（地区）指南（布隆迪）》2019 年版，参赞的话.

④ 商务部国际贸易经济合作研究院，中国驻卢旺达大使馆经济商务处，商务部对外投资和经济合作司：《对头投资合作国别（地区）指南（南苏丹）》2019 年版，参赞的话.

总体而言，中国与东非六国的经济、贸易等各项往来频繁。随着“一带一路”倡议的纵深拓展，中国与东非六国开展各项合作的机会必将大大增加，合作前景日益拓展、开阔。

6.1.2 开发潜力巨大

东非六国虽然在国土规模、地理属性和资源方面存在较大差异，但基本上都拥有较为丰富的矿产资源。与印度洋接壤的两个国家，即坦桑尼亚和肯尼亚，这两个国家是东非六国中陆地面积最大的国家。乌干达的国土面积与前两个国家相比较小。非洲大陆人口密度最高的两个国家——卢旺达和布隆迪。东非六国资源丰富，地质条件良好，矿产种类繁多，为潜在的国内或非洲（中小型投资）和外国（中大型投资）投资者提供了广泛的投资选择。具体而言，东非六国的矿产资源情况如下：

肯尼亚的矿产资源虽不太为人所熟知，但其矿产资源的种类和矿藏量并不少，金、宝石、萤石、盐、重晶石、硅藻土、长石、石膏、石灰、硅酸盐、蛭石等都有较大的存量和产量。[①] 此外，肯尼亚对石油资源极为看重，从独立建国开始就寄希望在本国内发现石油资源，终于在 2011 年于该国的洛基查盆地发现石油。虽然各方对于洛基查盆地石油的储量测算并不一致，最高的估算达 200 亿桶，即使是最低的估算亦有 3 亿桶[②]，但总算希望没有落空。此后在 2014 年，该国总统齐贝吉又宣布在肯尼亚西北部的图尔卡纳湖地区勘探出石油。[③] 与坦桑尼亚、乌干达相比，肯尼亚的矿产资源和石油资源的开发程度较小，矿产行业在国内生产总值中所占比重亦较小。[④]

卢旺达在矿产资源方面亦不可小觑。据有关资料显示，卢旺达目前已对

---

① Thomas R. Yager. *The mineral industries of Kenya and Uganda* – 2001. http：//101. 110. 118. 72/minerals. er. usgs. gov/minerals/pubs/country/2001/keugmyb01. pdf.

② 里克·范德普洛格，萨穆埃尔·威尔斯.《肯尼亚的资源挑战》,《中国经济报告》2014 年第 6 期.

③ 《肯尼亚新发现石油天然气 非洲现能源新格局》,《西部资源》2012 年第 2 期.

④ *Kenya*：*Expectations are High for Mining Sector*，Oxford Analytica Daily Brief Service，2013 – 8 – 21.

锡、钨、铌、钽、绿柱石、黄金等矿藏进行了开采[①]，其中钽的生产量在全球已经占据了领先地位；已开采的锡和钨产量中，卢旺达在全球的份额亦占到了1%。该国还生产绿柱石、水泥、粘土、碎石、规格石、宝石（如紫水晶、蓝宝石和电气石）、黄金、石灰、天然气、泥炭、钢铁和精炼锡等矿产。[②] 另外，卢旺达在基伍湖处拥有将近600亿立方米的天然气储藏量，在尼亚卡班戈的钨矿含量在整个非洲大陆亦是数一数二的。

而全世界最年轻的国家亦被看作是“最失败”的国家——南苏丹虽然纷争不止，但其从独立开始便继承了绝大部分石油产区。苏丹的石油产量曾达到年50亿桶，中国亦是苏丹的最大石油输出国。[③] 如今的南苏丹虽因动乱、管道运输不便等原因导致石油产量大大降低，但不可忘记的是南苏丹的石油储量是稳扎稳打仍在原处等待开采的。此外，与南苏丹的动乱或者石油相比，较不为人知的是南苏丹的矿产资源。虽然南苏丹并不是全球重要的矿产商品生产国或消费国，但据查，该国拥有铜、钻石、黄金、铁矿石、铅、石灰石、锰、大理石和锌等矿藏。[④]

坦桑尼亚的各类矿藏丰富，其矿藏种类和矿产量在整个非洲大陆都名列前茅。据其公布的矿藏数据，坦桑尼亚产量大的金属矿物有铜、镍、金、银、铁矿石、钛和钒、铌；工业矿产有水泥、钻石、宝石、石墨、稀土等；矿产燃料有煤炭、天然气、铀等。[⑤] 近十年来，坦桑尼亚极为重视矿产行业的建设与发展，相应的矿产行业也得到了较快速的发展，其在国民经济中的地位也日益提升。目前，坦桑尼亚的黄金生产已跃居为非洲的第三位[⑥]，并在全球的黄金生产中发挥着重要作用。2015年，其黄金产量约占世界产量的1.5%，同时，坦

① 王新俊.《卢旺达拟出台新矿产法吸引投资》,《西部资源》2014年第2期.

② 美国地质调查局，USGS，Thomas R. Yager，Minerals Yearbook，The mineral industries of Uganda 2015.

③ 胡文博.《南苏丹独立：石油财富悬疑》,《中国石化报》2011年7月29日，第008版.

④ 美国地质调查局（USGS），Thomas R. Yager，Minerals Yearbook，The mineral industries of South Sudan 2015.

⑤ 美国地质调查局（USGS），Thomas R. Yager，Minerals Yearbook，The mineral industries of Tanzania 2010－2015.

⑥ 王晓民，李林和.《坦桑尼亚金属矿业现状与前景》,《中国金属通报》2013年第39期.

桑尼亚也是世界上唯一的坦桑石生产国。

素有“非洲明珠”美誉的乌干达拥有有利的地理环境，拥有多种多样的矿物，为发展强大的采矿业提供了机会。根据航空地球物理调查、地质填图和地球化学的采样估计，在重要的商业可行储量中乌干达有27种矿物。例如，卡巴莱（Kabale）和基索罗（Kisoro）地区的铁矿石储量估计超过5000万吨。其他矿物包括：绿柱石、铋、铌钽铁矿、铜、铬铁矿、钻石、金、锡（锡石）、钨、石棉、黏土、硅藻土、长石、花岗片麻岩、石墨、石膏、高岭土、蓝晶石、石灰石、大理石、云母、磷酸盐、岩盐、矽砂、滑石、钴、铅、锌、铂族金属（PGM）、铀、蛭石和镍等。[①] 2015年，乌干达开采的浮石矿占据世界总产量的4%。近年来，该国还生产集料、砖黏土、水泥、精炼钴、黄金、铁矿石、高岭土、精炼铅、石灰石、铌、盐、钢、钽、锡、钨和蛭石。[②]

总体而言，东非六国的矿产品种丰富、储量可观，且很多都处于尚未完整开发的状态，资源开发的潜力巨大。

6.1.3 法律环境改善

法律环境在决定企业投资能否获得成功方面起着非常重要的作用。为了发展，私营部门需要一个有利于企业发展的法律和监管环境，并得到具有有效监督和执法权力的强有力机构的支持。只有在这样的环境下，非正规企业才能逐步变得正规化；正规企业才会得到扩大并增加招聘；纳税负担才承担得起；产权得到尊重，贷款人接受这些财产作为抵押；创新在专利和发明可以在法律保护下得到加快进行；一旦法律保护投资不受任意征用，企业家就有更大的机会获得资本。当企业进入、财产登记、交易和纳税的各项规则和程序被简化时，企业会有更多的动机去投资、扩张、创造就业机会和遵守规则。相反，对企业进入实行严格管制的国家，腐败和非正规经济活动的程度会更高。法律环境对于企业的投资而言至关重要。

---

① Uganda Vision 2040.

② 美国地质调查局，USGS，Thomas R. Yager，Minerals Yearbook，The mineral industries of Uganda 2015.

曾经，非洲的法律和监管环境被认为是世界上最不利于进行商业运作的环境。[①] 过度的商业法规、复杂的许可程序、不透明的税务评估规则、不公正的法院系统、监管变化的不可预测、低效率不公开的管理机构，非洲的法律环境饱受诟病，东非六国亦不例外。与其他地区相比，非洲企业家在注册企业和获得各种许可证方面面临更多的障碍。《2011 年营商环境报告》显示，在 183 个经济体中，非洲国家在整体营商环境方面的平均排名为 137，东欧和中亚为 72，拉丁美洲和加勒比为 96，东亚和太平洋为 87。[②] 撒哈拉以南非洲的商业登记和创业费用几乎是经合组织国家的 20 倍（相对于人均收入），这点就有助于解释为什么非洲地区的许多企业仍然是非正规企业。同样，在世界上最容易创业的 10 个国家中，只有一个非洲国家（卢旺达）。此外，在 10 个经济体中，没有一个非洲国家最容易获得建筑许可证或进行财产登记。

过去的近十年以来，非洲国家采取了越来越多的改革措施，试图改变法律和监管环境，鼓励竞争、自由贸易和外国直接投资。据统计，撒哈拉以南非洲是自 2012 年以来每年改革次数最多的地区。2019 年，在撒哈拉以南非洲的 40 个经济体中，经商环境开展了创纪录的 107 项改革，非洲地区的私营部门应该能明显地感受到改善的情况。[③] 例如，注册企业的平均时间和成本已经从 2006 年的 59 天和人均收入的 192%，下降到 2019 年的 23 天和人均收入的 40%。此外，同期平均实收最低支出从人均收入的 212%，下降到人均收入的 11%。[④] 这是非常显著的变化。东非六国的变化同样非常明显，东共体的六个成员国在经商容易程度方面的排名和分数均有显著提高，卢旺达以第 29 名跻身全球 190 个经济体的前列，肯尼亚排名以排名第 61 跻身非洲国家的前列。[⑤]

具体就矿业及矿业投资方面的法律改革而言，东非六国近年来的矿业法修改频繁，相关的投资法律和条例也在更改，努力的方向在于在法律、政策框架

① African Development Report, 2011, P36.

② World Bank Group, Doing Business 2011.

③ World Bank Group, Doing Business 2019.

④ World Bank Group, Doing Business 2019.

⑤ World Bank Group, Doing Business 2019.

上做到更深层次的完善，往透明的法律、行政和监管机构建设靠拢。虽然在环境保护、社区发展协议等方面的具体要求增加和提高了，但这也正体现出东非六国对可持续的矿业开采和可持续的矿业投资的重视，说到底，其吸引外资的初衷仍是不变的。

6.2 中国在东非六国投资矿业的主要风险

6.2.1 法律的稳定性差

法律的稳定性，对于投资者而言，是极欲渴求的一个宝贵“品质”。当法律能够保持一定时期内的稳定性时，投资者可以据此预估投资的可行性，并在此基础上明确自己的投资计划，并维持自己长期投资的信心。反之，当东道国的法律无法保持较长一段时期的稳定时，将会削弱甚至耗尽投资的商业可行性，挫伤投资者的信心，并将对投资市场产生负面影响。因此，法律的稳定性对于每个行业的每个投资者而言都至关重要，矿产行业也不例外。此外，在投资者看来，法律的稳定性同样亦是其公平、平等权利的保障，因为投资者除了法律以外，再无别的依仗。因此，投资者也越来越关注法律规定、监管框架的稳定性。然而，对于东非六国的矿业及相关法律来说，稳定性却较难得到保障。最为突出的是坦桑尼亚，坦桑尼亚的矿业法于 2010 年颁布施行，之后分别在 2017 年和 2019 进行了修订，中间于 2015 年又推出了《坦桑尼亚采掘业（透明度和责任）法》、2017 年推出了《自然财富和资源（永久权利）法》。每一项新法律的出台、每一次的矿业法修订带来的都是关乎整个行业的变化，比如增加企业的各项开支上报、公布的义务，特许权使用费的调整等；卢旺达管辖矿产行业的法律并不多，主要相关联的是《采矿及采石法》和《矿产税法》，而《采矿和采石法》原本在 2016 年才颁布，不足两年时间内又进行了修订并在 2018 年开始施行修订后的新《采矿及采石法》；肯尼亚的《矿业法》于 2016 年颁布，虽然没有进行新的修订，但在新矿业法颁布后，又推出了《自然资源（利益分享）法》，并且《本土成分法案》已经在议会经过了四读，由总统颁布施行。南苏丹和布隆迪的《矿业法》分别于2012年、2013年颁布实施，目前尚未修订；稳定性方面值得赞许的是乌干达《矿业法》，其于2003年颁布，至今已施行十七年之久。

法律的频繁修订，同时也可能带来监管机构的增减、原本职能的时常变化。例如肯尼亚负责矿业管理的是石油与矿业部，以加强该国采掘业的管理，而石油与矿业部的前身是石油部与矿业部，两个部门原本在2016年成立，2018年又进行了合并。2016年肯尼亚新《矿业法》规定新设立矿业局，负责对采矿业进行日常监测，并负责监督根据许可证开展的所有采矿作业。它还主要负责处理所有许可证和租约申请，并执行采矿业的安全和环境标准。它在这方面的职能包括监督所有获得许可证的采矿作业，以确保遵守适用的法律、法规和良好的石油生产做法。肯尼亚新《矿业法》还设立了一个地质调查局，负责开发国家地质数据库和促进对采矿部门的兴趣。东非六国还设立若干监督机构，监督采矿业的具体任务和职能，包括定价、本土内容开发、环境恢复和采矿生产社区基础设施更新方面的专业机构等。例如，肯尼亚、卢旺达、南苏丹、坦桑尼亚，已经成立了委员会，以监督本土成分内容的实施、利用当地专门知识创造就业机会、商品和服务业务、采矿业价值链中的融资以及国内的价值保持。此外，肯尼亚还根据新《矿业法》于2017年成立了矿业权委员会，其职责内容是在如下方面以书面形式向部长提出意见或建议：同意、拒绝、保留、更新、撤销、暂停、变更、分配、交易、招标或转让矿产权利协议；适合小规模采矿或人工采矿的区域；可能被禁止或限制采矿的区域；作为战略性矿产的声明；采矿许可证中生产的停止、暂停或削减；为矿业权或矿产支付的费用；基于矿业法需要向矿产权利委员会咨询的问题。① 卢旺达于2017年2月成立了矿产、石油和天然气委员会②，其负责执行与矿山、石油和天然气有关的国家政策、法律和战略，并向政府提供建议；它还被授权监督和协调与矿山、

① 肯尼亚2016年《矿业法》第31条.

② 2014采矿及采石法规定，许可证的申请方式由自然资源部长命令确定，部长应以书面形式通知申请人其决定授予或拒绝授予矿产许可证。2018采矿及采石法对这点进行了变更。

石油和天然气有关战略的实施；除监督外，委员会还开展地质、采矿和石油方面的研究和勘探，并发布调查结果；此外，委员会还监管私人或公共企业进行采矿、贸易和矿产增值活动，以及协助政府评估采矿和采石场的各项许可。① 坦桑尼亚于2015年颁布施行了《坦桑尼亚采掘业（透明度与责任)法》，根据此法成立了坦桑尼亚采掘业（透明度与责任）委员会，其是一个独立的政府部门，向总统和国民议会报告。坦桑尼亚采掘业（透明度与责任）委员会的成立，又导致了相关部门的撤销与其职责在不同部门间的转换。

法律稳定性的欠缺，以及随之带来的监管框架、监管部门、监管职责的变化，对于投资者而言，的确是一个头疼的问题，不可控制却又无法逃避。如《东共体矿业法案》顺利通过实施，那东非六国势必又将掀起新一轮的修订之潮。

6.2.2 法律的明确性弱

法律的明确性是指法律制度的规定是清晰明了的、可预见的。法律的明确性首先避免了法律语义的模糊，给予了法律内容的清晰表达；其次法律的明确性避免了法律规定的不完善及不可捉摸，给予了法律内容的完整规定。据此，法律的明确性被认为是一种保护，它从根源上确保了法律不会被任意解读、不会被任意使用。而缺乏明确性的法律往往是不可预测、不可捉摸的，容易成为非政治精英的工具，同时也容易导致法官判决之间的巨大差异，社会也容易遭受高犯罪率和低生活质量的折磨，文明社会的发展进程亦受到极大阻碍。② 由此可见，法律的明确性对于法治而言是极为重要的，可以明确理解的法律更能得到公民的遵守，并减少非法寻租的空间，同时也增加了司法活动的准确性、一致性。而这点，在东非六国的《矿业法》及相关法律间则稍显不足。

其一，东非六国矿业法的一些规定对相关条件作出了限制或者提出了要

① RMB BACKGROUND，https：//www. rmb. gov. rw/index. php？ id =23.

② Sanford Schane. *Ambiguity and Misunderstanding in the Law*, P1. http://idiom. ucsd. edu/ ~ schane/law/ambiguity. pdf.

求，但限制的条件或提出的要求却不够清晰、明确。比如，肯尼亚《矿业法》第 11 条规定，能获取矿业权的包括自然人和法人。自然人的话，应是心智健全，年满 18 岁，具备所需的技术能力、专业知识、经验和资金且未被任何法律取消资格（手工采矿者不受此款限制）。而对于技术能力、专业知识、经验如何区分，具体要求是什么，“所需的技术能力”又具体指向什么技术能力、什么样的技术能力是所需的，这些问题在肯尼亚《矿业法》中没有作更进一步的清晰解释。再比如，肯尼亚《矿业法》对于大型采矿许可证的审批条件之一是申请人关于从事社区投资的建议是对社会负责的，并且矿业部长对此表示满意。[①] 如何体现对社区投资的建议是对社会负责任的呢，有没有具体可参考的标准呢？没有。“满意”一词显然是个主观的心理状态，让矿业部长感到满意不免让人产生讨好官员从而获得许可证的感觉；此外，“矿业部长对此表示满意”，怎么样才能让矿业部长满意？矿业部长是否有一些客观的、可参照的指标呢？肯尼亚《矿业法》没有作更进一步的解释。再比如，社区发展协议往往指向大型矿业公司与受影响的社区之间签订，那么，什么是“受影响的社区”呢？受到的什么影响是受影响？受到多大程度的影响是受影响呢？这一点，在东非六国的矿业法中都没有明确作出规定，留给审批许可证的许可部门太多的裁量空间，也留给矿业公司许多的辩解空间。

其二，东非六国《矿业法》中的一些规定尚未有明确的条例、规章等细节的指引。在矿业权制度的规章、条例中可见，卢旺达、南苏丹、坦桑尼亚、乌干达四国针对本国的矿业权制度的落实与施行出台了一些规章、条例等，但细看就会发现，招标授予矿业权的具体要求、矿业权的转让、大型企业征得社区许可、企业在当地矿业活动的影响公告、矿企具体的环境保护要求、矿场废弃后的恢复等重要的矿业关联活动，这些国家仍然无任何的相关规定可循。

布隆迪的矿业法本身在一些规定上就不甚完善，且到目前为止仍未出台任何相关的条例、规章等予以明确指引。

在此方面可以作为表率的是肯尼亚，在 2016 年新矿业法颁布施行后，肯

① 肯尼亚《矿业法》第 103 条第 g 项.

尼亚矿业部于2016年7月26日发布了《经投标授予矿业权的规定》《社区发展协议规定》《矿业投资手册》《矿产特许权使用费规定》《矿场支持服务规定》《战略矿产规定》；于2017年5月16日发布了《资产使用规定》《本土商品与服务的使用规定》《矿业（雇佣与培训）规定》《国家参与采矿规定》《工作计划及开采报告指导方针》《采矿许可证与采矿许可证规定》《矿物交易规定》《国有矿业公司规定》。由此，使得肯尼亚矿业法中关于矿业过程中的各项重要活动基本上做到有章可循、有法可依。

就目前东非六国的矿业法及相关法律规定来看，它并没有就一些细节问题作明确的、细致的规定，在矿业法中新增详细的内容或者出台细致的条例、规定等必不可少。

6.2.3 法律的安全性低

从投资的角度来看，法律的稳定、法律的明确性都是为了确保投资的安全以及投资的成功回报。众所周知，矿业投资需要筹集的资金大，实际投入使用的资金多、资金使用的周期长，且资金回收的周期长。因此，对于矿业投资者而言，法律所给予的财产安全保障才是其终极渴望。而近些年，东非六国矿业法所表现出来的本土化趋势，正让东非六国法律的安全性有所减弱，也降低了对矿业投资者的吸引力。

如肯尼亚《矿业法》规定，在大型采矿的矿业权中，国家可从其中无偿取得10%的权益，并且不用缴纳任何出资。① 肯尼亚的《国家参与规定》对此提出了更为详细的要求，国家可在所有的大型采矿的矿业权中要求获得10%的权益，并且不得向采矿权持有人提供或支付任何形式的补助；时间方面，若国家向大型采矿企业提出参与股份，大型采矿企业必须在颁发采矿许可证后的一年内作出股份的分配。肯尼亚《矿业法》规定的无偿获得10%的股份仅限于在大型采矿企业中，而坦桑尼亚《自然财富和资源（永久主权）法》对此类无偿获得股份规定所适用的范围则更为广泛，规定为开采、开发、获取和使

---

① 肯尼亚《矿业法》第48条.

用自然财富和资源而授予的任何授权，应作出或给予安排，以确保政府在企业中获得公平的股份，并且坦桑尼亚人民可以在合资企业中获得股份。[①]

再比如，坦桑尼亚《自然财富和资源（永久主权）法》规定，国民议会可对所有涉及开采、开发、获取和使用自然财富和资源的协定或协议进行审查。[②] 不论该协议或协定是《自然资源（永久主权）法》颁布之前还是之后签订的，国民议会都有权力进行审查，而提出审查的原因是什么？审查的标准是什么？《自然资源（永久主权）法》却没有明确规定，这就大大地增加了矿产开发投资协议的风险性。此外，该法还规定所有的因提取、开采或取得及使用自然财富及资源而产生的争议，均应由坦桑尼亚的司法机构或其他机构根据坦桑尼亚法律裁定。[③] 由此，杜绝了矿业开发投资协议的各项争议在国际机构进行裁决的可能性，这也意味着财产安全的最后一层保障也被撤走。

相比较而言，东非六国中坦桑尼亚对于国家、人民从矿产行业中获得利益的欲望和表现更为强烈、明显，其相对应的《自然财富和资源（主权）法》中对于国家、人民在矿产行业的利益维护是放在首位的，矿业投资者利益的保护、财产的安全显然不在其首要考虑范围，投资者意欲在坦桑尼亚国进行矿业投资应进行更全面、更准确的考量。

6.3　中国在东非六国投资矿业的风险防范

每一个区域、每一个国家的法律体系总会有不完善的地方，东非六国也不例外，但这并不能得出东非六国即使矿产资源丰富也难以进行矿业投资的结论。想要在东非六国收获成功的矿业投资，开展如下方面的工作以进行全面的法律风险把控是必不可少的：

首先，全面地熟悉东非六国的矿产资源法律制度。如前所述，除了成员国各自的矿业法外，一些成员国还有相关的法律是与矿产行业的投资、发展密切

① 《坦桑尼亚自然财富和资源（永久主权）法》第 8 条.
② 《坦桑尼亚自然财富和资源（永久主权）法》第 12 条.
③ 《坦桑尼亚自然财富和资源（永久主权）法》第 11 条第 2 款.

相关的，如肯尼亚还有2018年颁布施行的《自然资源（利益分享）法》，对特许权使用费分配委员会的职责、利益分享协议、自然资源特许权使用费基金的财务规定、保留基金的使用等杂项作出了规定。卢旺达还有2013年施行的《矿产税法》，分别对矿产的分类、矿产税的支付、矿产税目、矿产总价值的决定、应纳税所得额中可扣除的矿产税、矿产的免税、矿产税到期日、矿产税的申报和缴纳、税务程序等作出了规定。坦桑尼亚还有《坦桑尼亚采掘业（透明度和责任）法》《自然财富和资源（永久权利）法》《成文法（杂项修订）法2017》《成文法（杂项修订）法2019》四部法律与矿产行业紧密相关，《坦桑尼亚采掘业（透明度和责任）法》于2015年开始施行，对坦桑尼亚EITI委员会、采掘公司披露的法律义务、独立调解员的任命、年度报告等一般规定作出了规定；《自然财富和资源（永久权利）法》于2017年颁布施行，对坦桑尼亚就自然财富和资源所拥有的永久权利作出了特别的规定和说明。此外,东非六国的矿业主管部门还出台了许多的规章、条例等，这些规章、条例对矿业活动的进行或者矿业活动的行为负担提出了具体的要求，都是对矿业活动的具体指引，同样应对其进行深入研究和解读，以免出现法律内容的遗漏。

其次，审慎地签订矿产协议。在东非六国，矿产协议，一般是指代表政府的部门与矿业权持有人或矿业权申请人之间签订的关于矿产勘探、开发的协议。在东非六国，矿产协议有不同的名称，并且其所代表的内容也不尽相同。在肯尼亚、南苏丹、坦桑尼亚、乌干达，矿产协议的名称分别是：矿产协议、勘探和采矿协议、开发协议、矿产协议；卢旺达矿业法中没有专门的“矿产协议”名称，但规定了“与矿业权人的协议”条款。矿产协议是为保证矿业权的合适、完整行使和履行的额外规定。但矿产协议与矿业权之间并不一定是完全对应的关系。矿业权与矿产协议之间的关系呈现出三种表现：一是相对应的关系。在此种情况下，一般都要求矿业权人与主管部门签订矿产协议，像卢旺达、乌干达就是采取此种做法，各类的矿业权持有人均与主管部门签订矿产协议，由矿产协议对矿业权人的权利义务作进一步的规范和完善。二是整体与部分的关系。在此种情况下，矿产协议仅在部分矿业权人与主管部门之间签订，也即满足条件的矿业权人方须与主管部门签订矿产协议，像肯尼亚就是采取此种做法。在肯尼亚，只有计划投资超过五亿美元的采矿许可证持有人才需要与主管部门签订矿产协议，这是前提性的资格条件。三是不对应的关系。在此种情况下，签订矿产协议的既可以是矿业权的持有人，又可以是矿业权的申请人，当然，不论是矿业权的持有人还是申请人，均受到一定条件的限制要求。南苏丹和坦桑尼亚就是属于此种情况。南苏丹的勘探和采矿协议适用于个人申请和招标，坦桑尼亚的矿业权申请人应满足意欲投资不少于一亿美元的条件。此外，在这种情况下，矿产协议还是获取矿业权的潜在优势，比如南苏丹矿业法规定，勘探和采矿协议可以向该协议的非政府当事方提供一项权利，使其有权获得受该协议约束的整个区域的勘探许可证，并有权在该协议区域内获得一个或多个大规模采矿许可证。[①] 总之，在东非六国，矿业权与矿产协议并不完全对应，企业首先应明确获取矿业权与签订矿产协议之间的区别；而后在与东道国政府签订矿产协议时一定注意协议中的各个条款，因为每一个条款都承载着协议双方的权利义务。

最后，遵守东道国法律规定，履行企业社会责任。矿产的勘探、开发，矿物的提取，不仅关系一国的经济命脉，也关系一国的就业、性别参与等社会问题；不仅对当地社区群众的生活产生影响，更给当地乃至全国的环境带来长久而深远的影响，企业社会责任的提出就是这样一个帮助企业探索、完善与所在国、当地社区、民众关系的框架。[②] 企业社会责任要求一家公司不仅对其股东，而且对其他利益相关者，包括员工、客户、受影响的社区和公众，就人权、员工福利和气候变化等问题作出回应。义务增加了、责任更大了。对于矿业投资者来说，企业社会责任的提出也是对自身能力的审视。不仅《东共体矿业法案》对企业社会责任提出了要求，东非六国本身的矿业法就对企业社会责任有要求，企业社会责任是保护环境、寻求社区以及各方不同需求的平衡，对于矿业公司来说无可回避，只能一力承担。

---

① 南苏丹《矿业法》第107条.

② Heledd Jenkins, Natalia Yakovleva. *Corporate Social Responsibility in the Mining Industry: Exploring Trends in Social and Environmental Disclosure*, Journal of Cleaner Production, 2006, 14, P271 - 284.

6.4 本章小结

东非六国矿业权方面的制度更改较为频繁，但这并不意味着中国在东非六国的投资机遇的减少，或者在东非六国的投资成功率降低。意欲在东非六国进行矿业投资，需要对东非六国的矿产资源状况、法律投资环境进行全面的分析。在东非六国进行矿业投资，是具有许多有利的条件的，最突出的有：中国素来与东非六国乃至全体非洲国家保持良好的往来关系，尤其是“一带一路”倡议提出以来，中国与东非六国的经贸往来更为密切，相互间开展的合作也愈加增多，合作前景良好；东非六国各自的矿产资源都较为丰富，这其中很多的矿产资源很契合中国的经济建设、社会发展的需求，而且很多都处于尚未开发的状态，资源开发的空间极大；最值得称道的是东非六国在国内进行了大刀阔斧的改革，努力营造良好的经商环境，法律环境得到大大的改善，其在此方面所取得的进步在全球国家中有目共睹。综上，在东非六国进行矿业投资是具备极有利的条件的。

当然，东非六国法律的稳定性较差，近年来与矿业相关的法律如矿业法等不断经历修订；法律的明确性也较弱，一些法律用语所指向的意思不明确，矿业法所涉及的一些重要内容也缺乏规章、条例等规定的明确指引，这给主管机构留下了很多裁量的空间，这也容易导致寻租与腐败，也给投资企业增加许多不确定的风险；东非六国目前的国内法律规定体现出很多对本国利益的着重维护，例如要在矿企中参股、矿业开发争议只能在本土进行司法解决等，本土化趋势极为明显，民族资源主义有抬头的倾向，这对矿业投资者的投资而言增加了一定的危险性。

结　语

东非六国矿产资源丰富，对矿产行业推动国民经济的增长、推动国民福利的增加寄予厚望，因而其对矿产行业的发展及其建设相当重视，矿业权制度是其中一个非常重要的组成部分。

从矿业权制度的基本规定来看，东非六国存在一些差异，肯尼亚、南苏丹的规定相对较为完善，不得不提的是南苏丹，虽然因战乱频繁、经济发展落后等原因其矿业权制度并没有得到太多的落实，但从制度规定内容的完整性、先进性来看，2012 年颁布实行的南苏丹矿业法即使以当下之眼光来看，其仍然经得起时代的检验，而卢旺达、布隆迪的规定则较为简略、粗糙。

在制度设计的价值追求、目标设定方面，东非六国间的成效差距甚大。论决心，坦桑尼亚当然是首屈一指的，不仅与时俱进地多次改革国内矿业法，更是大胆与国际条约、国际标准对接，金伯利进程、采掘业透明度倡议坦桑尼亚无一例外地选择早早加入，在东非六国乃至非洲国家中坦桑尼亚都身先士卒，目的就是为了削减寻租、腐败行为，从而进一步地提高政府的监管、治理能力。此外，坦桑尼亚对国家利益、国民利益的重视程度日渐提升，坦桑尼亚政府甚至不惜站到国际矿业公司的对立面，对原有的矿产协议进行重新审查并开出一系列的天价罚单。肯尼亚也是极为重视矿业发展的，对于大型矿业公司的企业责任承担，手工采矿、小型采矿的规范，肯尼亚也拿出了严格的规范条例，其实行效果在肯尼亚这些年的矿业发展中有所体现。

在制度的稳定性方面，表现较为突出的是乌干达，乌干达是东非六国中在矿业权制度方面最有耐性、最愿坚守的，其适用的矿业法目前已历经十七年，虽然也有修订，但从未曾大动干戈、大肆修整，在这点上乌干达的确值得赞许，因为制度的成效必须历经生活实践的检验，而其中唯一必不可少的因素就是时间。坦桑尼亚近年修改矿业法的动作十分频繁，反观乌干达却能静观其变，一方面得益2003年矿业法的全面和完整，另一方面也得益于乌干达政府的胸有成竹。相比之下，坦桑尼亚则显得过于急切了。

总而言之，因为东非六国对本国的矿产行业都极为重视，其矿业权制度设计都较为完整、规范，目标设计、价值追求都合理地体现其所在国的具体国情，相对应的税、费负担也较为合理，这对于矿业公司而言是一种实在的吸引。只是，不得不予以关注的是，东非六国的矿业权制度在制度设计上虽然较为完整，但东非六国在矿产资源方面的监管、治理能力的确尚有极大的提升空间，制度的落实与设计的理想之间存在较大的差距，这对于意欲投资的矿业公司而言，或许是另外一种不得不注意的风险或负担。中国企业若想在东非六国开展矿业投资，应做好全面的法律内容审查和应对，方能避免投资失败的结局。

参考文献

一、中文参考文献

（一）中文专著

［1］蔡红英编著. 世界矿产资源税收问题研究［M］. 北京：中国财政经济出版社，2016.

［2］蔡元沛、李绥远编著. 论中国矿业可持续发展［M］. 桂林：广西师范大学出版社，2013.

［3］陈会颖、董秀丽、郭依峰、刘力、申险峰、张爽、赵剑著. 世界能源战略与能源外交（非洲卷）［M］. 北京：知识产权出版社，2011.

［4］杜明军、高大伟、李玉中著. 政府资源开发中的政府行为博弈研究［M］. 北京：中国社会科学出版社，2015.

［5］郭濂，吴志峰，张世国著. 非洲矿业产业研究［M］. 北京：中国金融出版社，2014.

［6］国土资源部地质勘查司编. 各国矿业法选编［M］. 北京：中国大地出版社，2005.

［7］国土资源部矿产开发管理司编. 矿产资源开发管理常用法律法规文件汇编［M］. 北京：地质出版社，2009.

［8］韩良主编. 非洲商事法律制度精析［M］. 北京：中国法制出版社，2015.

[9] 江平主编. 中国矿业权法律制度研究［M］. 北京：中国政法大学出版社，1991.
[10] 李伯军著. 作为一门独立学科的非洲法［M］. 湘潭：湘潭大学出版社，2017.
[11] 李显冬主编. 中国矿业立法理论与实务［M］. 北京：中国政法大学出版社，2015.
[12] 李显冬主编. 矿业权法律实务问题及应对策略［M］. 北京：中国法制出版社，2012.
[13] 李泽华、张永宏主编. 中非资源开发合作战略背景与实践——“中非合作培养矿产资源开发人才国际研讨会”论文集［M］. 昆明：云南大学出版社，2016.
[14] 刘鸿武主编. 非洲地区发展报告2016—2017［M］. 北京：中国社会科学出版社，2017.
[15] 朴英姬著. 外国直接投资与非洲经济转型［M］. 北京：社会科学文献出版社，2015.
[16] 王宇、谭立勤、淳伟德著. 国际矿产资源战略对我国重要矿产资源安全影响及对策研究［M］. 北京：经济管理出版社，2015.
[17] 王战、张瑾、刘天乔主编. 非洲经济和社会文化制度研究［M］. 武汉：武汉大学出版社，2018.
[18] 杨震著. 法价值哲学导论［M］. 北京：中国社会科学出版社，2004.
[19] 张文显著. 当代西方哲学［M］. 吉林：吉林出版社，1987.
[20] 张文显主编. 法学概论［M］. 北京：高等教育出版社，2010.
[21] 张文显著. 法的概念［M］. 北京：法律出版社，2011.
[22] 朱华友等著. 当代非洲工矿业［M］. 杭州：浙江人民出版社，2013.
[23] 庄巨忠编. 亚洲的贫困、收入差距与包容性增长——度量、政策问题与国别研究［M］. 北京：中国财政经济出版社，2012.
[24] 周倩著. 当代肯尼亚国家发展进程［M］. 北京：世界知识出版社，2012.

（二）外文中译专著

[1]〔比〕安·安萨姆斯、斯德法安·玛丽瑟主编．非洲大湖区的自然资源和当地生计：政治经济视角［M］．桂文泱译，北京：民主与建设出版社，2018.

[2]〔德〕考夫曼著．法律哲学［M］．刘幸义等译，北京：法律出版社，2004.

[3]〔英〕雷蒙德·瓦克斯著．法哲学：价值与事实［M］．谭宇生译，南京：译林出版社，2013.

[4]〔英〕丹尼斯·劳埃德著．法理学［M］．许章润译，北京：法律出版社，2007.

[5]〔美〕斯蒂芬·金著．千丘之国：卢旺达浴火重生及其织梦人［M］．延飞等译，北京：世界知识出版社，2014.

[6]〔美〕詹姆斯·奥托、〔美〕克格雷·安德鲁斯、〔南非〕弗雷德·卡伍德斯、〔加〕迈克尔·多格特、〔澳〕彼得洛·古齐、〔美〕弗兰克·斯特摩尔、〔美〕约翰·斯特摩尔、〔美〕约翰·蒂尔顿著．矿业特许税费［M］．胡德胜、魏铁军、王涛、许胜晴、张青译，北京：北京大学出版社，2013.

（三）论文类

[1]安东．论法律的安全价值［J］．法学评论．2012（3）.

[2]布局海外，矿企的选择题怎么做“丝路矿业论坛·2019”嘉宾观点集萃［N］．中国黄金报．2019年7月5日第002版.

[3]曹治国、王威驷．日本《矿业法》修改简析［J］．中国矿业．2012（1）.

[4]陈莲芳、黄伟泽《经济全球化背景下我国矿产资源战略研究设计［J］．中国矿业．2016（10）.

[5]郭磊等．坦桑尼亚矿业开发与管理体系研究［J］．矿产勘查．2014（3）.

[6]何金祥、吴智慧．非洲矿产资源勘探和开发——坦桑尼亚［J］．中国地质．1997（5）.

[7]贺春莲、王坚．投资非洲矿业的可能性［J］．世界采矿快报．1998（1）.

[8]胡文博．南苏丹独立：石油财富悬疑［N］．中国石化报．2011年7月29日第008版.

[9] 肯尼亚新发现石油天然气 非洲现能源新格局［J］. 西部资源. 2012（2）.
[10] 李娜、高延光. 非洲矿业转型步步为营［N］. 中国国土资源报. 2014 年 5 月 17 日第 003 版.
[11] 林玉美. 论行政许可法的效益价值追求［J］. 中共福建省委党校学报. 2004（11）.
[12] 陆李萍. 坦桑尼亚的矿产开发和矿业法规［J］. 江苏地矿信息. 1998（10）.
[13] 朴英姬. 外国直接投资会给非洲经济带来发展吗［J］. 西亚非洲. 2006（9）.
[14] 祁冬、张冬霞等. 坦桑尼亚矿产资源管理制度研究［J］. 国土资源情报. 2017（10）.
[15] 宋国明. 非洲矿业立法及变化［J］. 国土资源情报. 2013（6）.
[16] 宋国明. 非洲矿业投资环境分析［J］. 国土资源情报. 2005（6）.
[17] 王莉莉. 走，到坦桑尼亚采矿去［J］. 中国对外贸易. 2019（1）.
[18] 王晓民、李林和. 坦桑尼亚金属矿业现状与前景［J］. 中国金属通报. 2013（39）.
[19] 王新俊. 卢旺达拟出台新矿产法吸引投资［J］. 西部资源. 2014（2）.
[20] 王周户、柯阳友. 行政听证制度的法律价值分析［J］. 法商研究. 1997（2）.
[21] 魏观. 走进非洲的“游戏”规则——非洲主要矿业国家矿业政策法规概述［N］. 中国国土资源情报. 2013 年 1 月 26 日第 006 版.
[22] 吴智慧. 非洲国家矿产勘查和开发——乌干达［J］. 中国地质. 1998（9）.
[23] 严存生. 社会正义与法律正义论纲［J］. 学术研究. 2018（8）.
[24] 袁杨森、魏振国、杜学良. 浅议坦桑尼亚矿业开发机遇与挑战［J］. 世界有色金属. 2016（2）.
[25] 张恒山. 论正义和法律正义［J］. 法制与社会发展. 2002（1）.
[26] 张华. 我国对非洲矿业投资的战略［J］. 中国矿业. 2009（7）.

[27] 张涛. 中国矿产资源发展战略思考 [J]. 现代矿业，2013 (5).
[28] 赵琪、张伟萍等. 中国对非洲矿业投资现状分析 [J]. 资源与产业. 2016 (2).
[29] 周安保、杨伟卫. 乌干达矿产资源及投资环境分析 [J]. 资源环境与工程. 2013 (3).
[30] 徐桂芬等. 2017 年中国矿产品进出口贸易情况及特点分析 [J]. 国土资源情报，2018 (11).
[31] 徐秀丽、高逸暘等. 是“资源诅咒”还是“制度诅咒”? ——坦桑尼亚矿业及其发展 [J]. 资源与产业. 2014 (4).
[32] 朱伟东. 坦桑尼亚推进本土化立法 [J]. 中国投资. 2018 (7).
[33] 朱伟东. 肯尼亚的本土化立法 [J]. 中国投资. 2018 (6).
[34] 朱伟东. 应对非洲本土成分立法 [J]. 中国投资. 2018 (5).
[35] 朱伟东. 国际法与非洲国家国内法的关系 [J]. 西亚非洲，2005 (5).

二、外文文献

(一) 专著类

[1] A. Elbra (Ed.). Governing African Gold Mining: Private Governance and the Resource Curse, Palgrave Macmillan, 2017.
[2] Adam B. Elhiraika, Gamal Ibrahim, William Davis (Eds.). Governance for Structural Transformation in Africa, Palgrave Macmillan (London), 2019.
[3] Ainsley Elbra (Ed.). Governing African Gold Mining: Private Governance and the Resource Curse, Palgrave Macmillan (London), 2017.
[4] Almas Heshmati (Ed.). Studies on Economic Development and Growth in Selected African Countries, Springer Nature Singapore Pte Ltd, 2017.
[5] Bonnie Campbell. Mining in Africa: Regulation and Development, Pluto Press, 2009.
[6] Bonnie Campbell. Modes of Governance and Revenue Flows in African Mining, Palgrave Macmillan (London), 2013.

[7] Broder J. Merkel, Alireza Arab (Eds.). Uranium Past and Future Challenges, Springer (Cham), 2015.

[8] Damilola S. Olawuy. Extractives Industry Law in Africa, Springer (Cham), 2018.

[9] Ghose, A. K. (Ed.). Mining on a Small and Medium Scale: A Global Perspective, Oxford & IBH Publication Company, 1997.

[10] Goel Kalpana, Pulla Venkat, Francis P. Abraham (Eds.). Community Work: Theories, Experiences and Challenges, Niruta Publications, 2014.

[11] Günter Tiess, Tapan Majumder, Peter Cameron (Eds.). Encyclopedia of Mineral and Energy Policy, Springer Berlin, 2018.

[12] H. Melber, R. Southall (Eds.). The New Scramble for Africa? Imperialism, Investment and Development, KwaZulu - Natal Press Durban, 2009.

[13] J. Andrew Grant, W. R. Nadège Compaoré, Matthew I. Mitchell(Eds.). New Approaches to the Governance of Natural Resources: Insights from Africa, Palgrave Macmillan (London), 2015.

[14] Jeremy Richards, Mining, Society, and a Sustainable World. Springer (Berlin), 2010.

[15] Joseph E. Stiglitz, Justin LinYifu, Ebrahim Patel (Eds.). The Industrial Policy Revolution II: Africa in the 21st Century, Palgrave Macmillan (London), 2013.

[16] Katja Hujo. Mineral Rents and the Financing of Social Policy, Palgrave Macmillan (London), 2012.

[17] Leona Achtenhagen, Ethel Brundin (Eds.). Management Challenges in Different Types of African Firms, Springer (Singapore), 2017.

[18] Leona Achtenhagen, Ethel Brundin (Eds.). Entrepreneurship and SME Management Across Africa, Frontiers in African Business Research, 2016.

[19] Maano Ramutsindela, David Mickler (Eds.). Africa and the Sustainable Development Goals, Springer, 2019.

[20] Maddalena Campioni, Patrick Noack (Eds.). Rwanda Fast Forward, Palgrave Macmillan (London), 2012.

[21] M. A. MohamedSalih, Shibru Tedla (Eds.). Environmental Planning, Policies and Politics in Eastern and Southern Africa, Macmillan Press Ltd, 1999.

[22] Mark Pearson, Terence McNamee, Wiebe Boer (Eds.). Africans Investing in Africa: Understanding Business and Trade, Sector by Sector, Palgrave Macmillan (London), 2015.

[23] Nico Schrijver (Ed.). Sovereignty over Natural Resources: Balancing Rights and Duties, Cambridge University Press, 1997.

[24] Stephen Vertigans, Samuel O. Idowu, Rene Schmidpeter (Eds.). Corporate Social Responsibility in Sub - Saharan Africa: Sustainable Development in its Embryonic Form, Springer Cham, 2016.

[25] Susanne Hartard, Wolfgang Liebert (Eds.). Competition and Conflicts on Resource Use, Springer (Cham), 2015.

[26] Terence McNamee, Mark Pearson, Wiebe Boer (Eds.). Africans Investing in Africa, Palgrave Macmillan, 2015.

[27] Terry O' Callaghan, Geordan Graetz (Eds.). Mining in the Asia - Pacific, Springer, 2017.

[28] Thomas Hentschel, Felix Hruschka, Michael Priester. Artisanal and Small - Scale Mining: Challenges and Opportunities, Russell Press Ltd, 2003.

(二) 论文类

[1] Abel Kinyondo, Espen Villanger. Local Content Requirements in the Petroleum Sector in Tanzania: A Thorny Road from Inception to Implementation? The Extractive Industries and Society, 2017, 1.

[2] Abel Kinyondoa, Christopher Huggins. Resource Nationalism in Tanzania: Implications for Artisanal and Small - Scale Mining, The Extractive Industries and Society, 2019, 2.

[3] Acquah, P. C. Government Environmental Regulations and Implementation in the Mining Sector, Natural Resources Forum, 1994, 3.

[4] Ainsley Elbra, A History of Gold Mining in South Africa, Ghana and Tanzania. In: A. Elbra (Ed.), Governing African Gold Mining: Private Governance and the Resource Curse, Palgrave Macmillan Press, 2017.

[5] Ainsley Elbra. Gold Mining in Sub - Saharan Africa: Towards Private Sector Governance, The Extractive Industries and Society, 2014, 1.

[6] Akua Asamoah Debraha, Hudson Mteghaa, Frederick Cawoodb. Social Licence to Operate and the Granting of Mineral Rights in Sub - Saharan Africa: Exploring Tensions Between Communities, Governments and Multinational Mining Companies, Resources Policy, 2018, 2.

[7] Aloysius Marcus Newenham - Kahindi. A Global Mining Corporation and Local Communities In The Lake Victoria Zone: The Case of Barrick Gold Multinational In Tanzania. Journal of Business Ethics, 2011, 99.

[8] Andrew Ngawenja Mzembe, Yvonne Downs. Managerial and Stakeholder Perceptions of an Africa - Based Multinational Mining Company's Corporate Social Responsibility (CSR), The Extractive Industries and Society, 2014, 1.

[9] Bell, R. G., Russell, C. Environmental Policy for Developing Countries, Issues in Science and Technology 2002, 3.

[10] Bideri Ishuheri Nyamulinda, Alice Karema Gaju. Export Performance of SMEs in the Rwandan Mining Sector: Challenges and Prospects. In: Leona Achtenhagen, Ethel Brundin (eds.), Management Challenges in Different Types of African Firms, Springer (Singapore), 2017

[11] Bonnie Campbell. Corporate Social Responsibility and Development in Africa: Redefining the Roles and Responsibilities of Public and Private Actors in the Mining Sector, Resources Policy, 2012, 37.

[12] Barry, M. Addressing Social Tensions in Mining: A Framework for Greater Community Consultation and Participation. In: Ghose, A. K. (Ed.), Mining

on a Small and Medium Scale: A global perspective, Oxford & IBH Publication Company, 1997.

[13] Brian Cooksey. The Investment and Business Environment for Gold Exploration and Mining in Tanzania, The Africa Power and Politics Programme, Background Paper, 2011, 3.

[14] Bugnosen, E. M. A Preliminary Assessment of Small – Scale Mining Legislation and Regulatory Frameworks, Department for International Development (DFID), Intermediate Technology Development Group, 1998.

[15] Calvano, L. Multinational Corporations and Local Communities: A Critical Analysis of Conflict, Journal of Business Ethics 2008, 82.

[16] Charles Riziki Majinge. The Doctrine of Permanent Sovereignty Over Natural Resources in International Law and Its Application in Developing Countries: The Case of The Mining Sector In Tanzania, African Yearbook of International Law, 2010.

[17] Chilenye Nwapi. Legal and Institutional Frameworks for Community Development Agreements in the Mining Sector in Africa, The Extractive Industries and Society, 2017, 4.

[18] Dirk – Jan Kochl, Sara Kinsbergen. Exaggerating Unintended Effects? Competing Narratives on the Impact of Conflict Minerals Regulation, Resources Policy, 2018, 3.

[19] Doris Bussa, Blair Rutherfordb, Jennifer Stewartc, Gisèle Eva Côtéd, Abby Sebina – Zziwae, Richard Kibomboe, Jennifer Hintonf, Joanne Lebert. Gender and Artisanal and Small – scale Mining: Implications for Formalization, The Extractive Industries and Society, 2019, 10.

[20] East Africa Sets Tough New Regulations, African Business, 2013. 2.

[21] Edmund Bugnosen, John Twigg, Andrew Scott. Small – Scale Mining Legislation and Regulatory Frameworks, Minerals and Energy: Raw Materials Report, 1999, 2.

[22] Eleanor Fisher. Artisanal Gold Mining at the Margins of Mineral Resource Governance: A Case from Tanzania, Development Southern Africa, 2008, 2.

[23] Firmi P. Banzil, Peter Msaki, Najat Mohammed. Challenging Issues in Regulating Uranium Mining in Tanzania, In: Broder J. Merkel, Alireza Arab(Eds.),Uranium Past and Future Challenges, Springer (Cham), 2015.

[24] Fisher. Occupying the Margins: Labour Integration and Social Exclusion in Artisanal Mining in Tanzania, Development and Change, 2007, 4.

[25] Frederick Bird. The Practice of Mining and Inclusive Wealth Development in Developing Countries, Journal of Business Ethics, 2016, 10.

[26] Gajigo, O., Mutambatsere, E., Ndiaye, G. Gold Mining in Africa: Maximizing Economic Returns for Countries, African Development Bank Working Paper Series No. 147, 2012.

[27] Gavin Hilson, Abigail Hilson, Agatha Siwale, Roy Maconachie. Female Faces in Informal "Spaces": Women and Artisanal and Small – scale Mining in Sub – Saharan Africa, Africa Journal of Management, 2018, 3.

[28] Gavin Hilson, James Haselip. The Environmental and Socioeconomic Performance of Multinational Mining Companies in the Developing World Economy. Minerals & Energy, 2004, 3.

[29] Gavin Hilson. Small – Scale Mining and Its Socio – Economic Impact in Developing Countries, Natural Resources Forum, 2002, 26.

[30] Gavin Hilson. Poverty Traps in Small – Scale Mining Communities: the Case of Sub – Saharan Africa, Canadian Journal of Development Studies, 2012, 2.

[31] Giuseppe Calignano, Terje Ingebrigt Vaaland. Local Content in Tanzania: Are Local Suppliers Motivated to Improve? The Extractive Industries and Society, 2018, 1.

[32] Glen Robbins, David Perkins. Minging and Infrastructure Development on Africa's East Coast: Examining the Recent Experience of Tanzania and Mozam-

bique, Journal of International Development, 2012, 24.

[33] Globerman, S., Shapiro, D. Global Foreign Direct Investment Flows: the Role of Governance Infrastructure, World Development, 2002, 9.

[34] Hany Besada. Philip Martin, Mining Codes in Africa: Emergence of a "Fourth" Generation? Cambridge Review of International Affairs, 2015, 2.

[35] Jalilian, H. Kirkpatrick, C., Parker, D. The Impact of Regulation on Economic Growth in Developing Countries: a Cross – Country Analysis, World Development, 2007, 35 (1).

[36] James M. Otto. A National Mineral Policy as a Regulatory Tool, Resources Policy, 1997, 6.

[37] James M. Otto. Global Changes in Mining Laws, Agreements and Tax Systems, Resources Policy, 1998, 2.

[38] James M. Otto. Mineral sector regulation and capital investment, Paper presented at Workshop on mining legislative frameworks in Asian countries, 1997, 7.

[39] Japhace Poncian. Galvanising political support through resource nationalism: A case of Tanzania's 2017 extractive sector reforms, Political Geography, 2019, 1.

[40] Jenkins, H. andYakovleva, N. Corporate social responsibility in the mining industry: Exploring trends in social and environmental disclosure, Journal of Cleaner Production, 2006, 14.

(三) 报告类

[1] Africa Center of Economic Transformation. 2014 African Transformation Report: Growth with Depth.

[2] Africa Progress Panel. Equity in Extractives: Stewarding Africa's Natural Resources for All, Africa Progress Report 2013.

[3] Barreto, M. L., Schein, P., Hinton, JJ., Hruschka, F. Understanding the Economic Contribution of Small – Scale Mining in East Africa, Pact UK. Project Funded by the UK Department for International Development (DFID)

through the Research for Evidence Division (RED), 2018.

[4] Escribano A, Guasch J, Pena J. Assessing the Impact of Infrastructure Quality on Firm Productivity in Africa, Policy Research Working Paper 5191, World Bank, 2010.

[5] ICMM (International Council on Mining and Metals). The Challenge of Mineral Wealth: Using Resource Endowments to Foster Sustainable Development: Synthesis of Four Country Case Studies. London: ICMM, 2006.

[6] ICMM (International Council on Mining and Metals). Ghana: Sowing the Seeds for Action. London: ICMM, 2008. UNDP (United National Development Programme), Mapping Mining to the Sustainable Development Goals: A Preliminary Atlas, 2016.

[7] Tanzania Minerals Audit Agency. Annual Report 2014, Ministry of Minerals.

[8] UNECA(United National Economic Commission for Africa). Making the Most of Africa's Commodities: Industrializing for Growth, Jobs and Economic Transformation, Economic Report on Africa 2013.

[9] UNECA (United Nations Economic Commission for Africa) and AU (African Union). Minerals and Africa's Development: A Report of the International Study Group on Africa's Mining Regimes, Second Draft. 2010. 8.

[10] United Nations. Transforming Our World: The 2030 Agenda for Sustainable Development, 2015.

[11] World Bank. Governance and Development, 1992.

[12] World Bank. Governance: The World Bank's Experience, 1994.

[13] World Bank. Treasure or Trouble: Mining in Developing Countries. Washington DC: World Bank and International Finance Corporation, 2002.